红色记忆® 55

抗日硝烟中的后方医院

海南省文化交流促进会 编

南海出版公司

2016·海口

图书在版编目（CIP）数据

红色记忆 . 55，抗日硝烟中的后方医院 / 海南省文化交流促进会编 . -- 海口：南海出版公司 , 2016.12（2025.1 重印）
ISBN 978-7-5442-8741-8

Ⅰ . ①红… Ⅱ . ①海… Ⅲ . ①革命传统教育 – 中国 – 青少年读物 Ⅳ . ① D642-49

中国版本图书馆 CIP 数据核字（2016）第 315080 号

HONGSE JIYI · 55——KANGRI XIAOYAN ZHONG DE HOUFANG YIYUAN

红色记忆 · 55——抗日硝烟中的后方医院

作　　者	海南省文化交流促进会
总 策 划	刘　栋
顾　　问	贾延岩
执行总编	任在齐
责任编辑	聂　敏
封面设计	郑广明
排版印务	白　多
发行总监	杨成春
出版发行	南海出版公司　电话：（0898）66568505
社　　址	海南省海口市海秀中路 51 号星华大厦五楼　邮编：570206
电子信箱	nhpublishing@163.com
经　　销	新华书店
印　　刷	天津睿意佳彩印刷有限公司
开　　本	787 毫米 ×1092 毫米　1/16
印　　张	6.5
字　　数	112 千字
版　　次	2016 年 12 月第 1 版　2025 年 1 月第 2 次印刷
书　　号	ISBN 978-7-5442-8741-8
定　　价	39.80 元

序

对历史无知的人，没有真正的信仰可言；没有信仰的人，不可能拥有美好的理想，不可能胸怀崇高的情感，也就不可能担负起任何责任。用欲望文化代替历史教育，足以使一个国家的青年被腐蚀、使一个民族的希望被毁掉，使这个国家和民族被永世万代地奴役！

鉴于此，我们呼唤历史，唤回那段属于二十世纪的“红色”历史，唤回那段炮火硝烟、颠沛流离的历史，唤回那冲天的狼烟留下的悲壮回忆、岁月年轮沉淀的斑驳痕迹。历史不应该被忽略，更不应该被遗忘，牢记那段革命战争年代的红色历史更是责任。为了那些不应该被忘却的记忆，为了那些不应该被丢弃的信念，于是就有了这套《红色记忆》丛书。

曾记否，当草鞋与意志丈量出来的两万五千里穿越一个伟大民族五千年的荣辱兴衰，革命的火种被一路播撒、一路点燃。人迹罕至的雪山、荒无人烟的草地被鲜血浸透，衬映出一段光辉的里程；万水千山早已被远远地抛在身后，一轮红日在黄土高原磅礴而起。满目疮痍的河山在1936年10月温暖如春……

曾记否，当生命和鲜血浸染的十几年光阴将一种记忆铭刻进一个伟大民族的历史画卷，革命的火焰从星火到燎原。这栏杆拍遍、易水悲歌般的呼号，这折戟沉沙、慷慨赴义的悲壮，这铁马冰河、枕戈待旦的苦战，这红旗漫卷、所向披靡的豪迈……腔腔热血、铮铮铁骨早已被熔铸成一座不朽的丰碑，中华民族从苦难中百死后生的壮丽诗史凝结成了五星闪耀的红色记忆。

曾记否，中华人民共和国成立以来，又有无数英烈接过前辈用鲜血染红的旗帜，或壮怀激烈戍边卫国，或忠于职守鞠躬尽瘁，或绝甘分少奉献大爱，甘做国家强盛、人民富裕的铺路石，成为和平年代民族复兴的荣光，把人民心中的红色记忆浸染得分外鲜艳，永不褪色。

这红色记忆，是信念不衰、志向不改的崇高气节；这红色记忆，是无私无我、生属苍生的博大胸怀；这红色记忆，是敢为人先、披荆斩棘的拓荒精神；这红色记忆，是中华民族最宝贵的精神财富。它告诫我们，人事有代谢，传承无绝期。缅怀先烈精神，继承先烈遗志，是社会的道德和民族的良心，是后来者须臾不可忘怀的本分。

老一代人把历史的真实交付给我们，我们有责任用真实还原历史，传承给下一代，把那段岁月与现在年轻人的生活连接到一起，使他们眼中的历史变得立体、真实、可靠，让历史成为他们前进的动力。本丛书将那些流动的、随时会飘散在时间天际的事件凝固下来，希望透过这些文字、图片，感受到英雄们那坚定的革命信念，感受到那个年代澎湃的革命激情，真切体会那段“红色历史”。

忘记历史，就意味着背叛。让我们重温历史，缅怀先烈，从中汲取力量，毅然前行。

刘栋

目录 CONTENT

目录 CONTENT

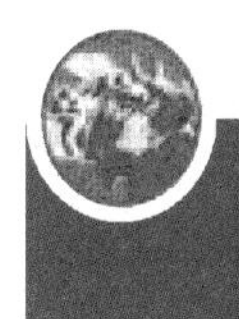

房主回忆马家堂后方医院 村民挖了五个山洞藏伤员

文／王洪玲

1938年1月中旬，夏张、边院、安临站三支游击队会师肥城空杏寺，成立山东西区人民抗敌自卫团（简称“自卫团”），辖两个大队，一百五十余人，泰西抗日武装起义的烽火在空杏寺燃起。自卫团成立不久，便发起了攻打肥城的战斗，摧毁了肥城维持会，枪毙了维持会会长范维新，打响了泰西武装起义的第一枪。

1940年11月（农历十月），泰西军分区后方医院卫生所（前身为岈山医院，群众称“马家堂后方医院”，院部设在空杏寺）进驻马家堂村。卫生所有工作人员三十余人，伤病员五十多人，伤员食宿都在村民家中。当时，马家堂村二十三户村民，家家都住了伤员，重伤员白天住在村里，晚上送到东山洞里。2015年6月24日，笔者来到马家堂村，实地探访马家堂后方医院，听当年事件亲历者讲述那段短暂而悲痛的历史。

医院设在村民家，医生白天看病晚上就睡在洞里

6月24日下午，笔者在马家堂村见到了已经八十二岁高龄的张升荣。据张升荣老人回忆，当时医院就设在位于半山腰的他家和他叔（张曰然）家。“俺家有两个院子，上崖一个院，有两间屋，下边一个院，也有两间屋。在下边院子的屋后墙后面有个夹道，当时医院的同志看过后说，这是个好地方，就用夹道垒了个洞，长一丈多，宽两尺多，能放东西，也能藏人。医生白天给伤病员看完病，晚上就藏在洞里睡觉。”

据张升荣老人介绍，当时，他父亲是村武装委员，负责掩藏伤员、枪、手榴弹，并负责送情报。“当时来了枪得赶紧先藏起来，而且得分开藏，如果被日军或伪军搜到，那后果不堪设想。”“人在枪在”是当时负责藏枪的村民坚持的原则。

山洞远景，只能隐约看出山洞残存的边缘

“当时来的枪也不全是好枪，也有坏的。”当时，军分区修械所设在村民周庆丰家，由王四、王五兄弟两人负责（两兄弟又被称为“铁匠四”“铁匠五”），有十多支待修的枪支藏在周庆丰家的一个石洞里。

马家堂村外山峪修造五处山洞藏伤病员

为保证医护人员及伤病员的安全，村民在村外山峪人工修造了五处山洞。山洞是利用自然山坡用石块砌成的，洞口是一道大石崖，从外边很难发现。当时，轻伤员食宿在群众家里，重伤员白天住在村里，晚上都送到村外山洞藏起来。

住在村民家中的轻伤员养好伤后会立刻归队，谁家伤病员养好了归队后，来了新的伤员就继续补上。有紧急情况时，村民就把伤员全藏到村外山峪人工修造的山洞里，待紧急情况过去，村民再去领回原来住在自己家中的伤员。全村群众视伤病员如亲人，一日三餐，烧水做饭，煮汤熬药。虽然当时生活条件不好，但村民即使自己饿肚子，也都拣着好的给伤病员吃。

在张升荣老人的指引下，笔者来到了马家堂村外的山洞遗址，如今山洞已被杂草完全遮盖了，已经看不出原来的样子。虽然马家堂后方医院只存在了七个月，但却在泰西抗战历史上留下了浓重的一笔。

汉奸告密，卫生所遭偷袭，九十名伤病员和工作人员壮烈牺牲

据张升荣老人回忆，1941 年 6 月 17 日（农历五月初四）凌晨 5 时许，正是收麦子的时候，后方医院因汉奸告密，被数百名日伪军偷袭，制造了马家堂惨案。

1941 年 5 月，汉奸周庆东利用回家探亲的机会，将军分区卫生所、修械所的情况秘密刺探清楚，报告给了驻兖州的日军。6 月 16 日夜，驻兖州的日军纠集大汶口、东向、边院、安驾庄等据点的日伪军共四百余人，由周庆东带路直扑马家堂村。次日凌晨，日伪军包围了马家堂村，在村外三面山头的制高点上

马家堂村外用于掩藏伤病员，后来被日军炸毁的山洞。如今被杂草覆盖，几乎看不出来了

架起机枪、小炮，一场惨绝人寰的大屠杀开始了。

分住在五个山洞里的二十多名重伤病员，全部被日伪军用手榴弹炸死。“村外的山洞根本不敢去看，死得太惨了，都看不出人来了。”张升荣老人说。

《肥城红色遗迹概览》中记载，九十六名伤病员和工作人员，除六人脱险外，其余在突围时牺牲或被俘。原军分区后方医院政委赵其林和两名护士向北突围，冲出敌人封锁安全到达医院院部（空杏寺）；卫生所所长兼主治医生李公奋躲在东山沟的一处石崖下躲过了敌人的搜索；一名卫生员跑到街西头的打麦场里，被两名早起晒场的妇女用麦秸掩藏起来，躲过了敌人的搜捕；还有一名藏在村民周传温家里的伤员被敌人抓到后，用刺刀刺伤了颈部昏倒在地，敌人以为他已经死了，但他后来在群众的精心照料下转危为安。

日军破坏卫生所后，以搜查八路军为名，对全村进行了搜查。他们将财物掠夺一空，还带走了几名村民，甚至在张升荣家门口放了炸弹，把两间房子全炸毁了。张升荣的父亲被抓到敌据点审讯，受尽各种酷刑——坐老虎凳、灌石灰水，但他一句话都没透露。张升荣的父亲被放回家后不到两个月就去世了。

张升荣告诉笔者，每年清明，周边的小学生都会来马家堂村外的山洞旧址扫墓。他都会给他们讲当年发生在这里的故事，虽然现在生活好了，但那段苦难历史不能忘啊！

（本文发表于 2015 年 6 月 29 日，选自大众网）

后方医院的历练

文/凌　云

“我要去新四军苏中军区卫校学习了。”好朋友张惠像是来告别，又像是探询。

“我也要去。我也要参加新四军。”她眼放光彩，一脸坚定。拉起张惠的手，跑去找母亲。

她的父母早在大革命时期就加入了共产党，他们先后把两个年轻的儿子送到了部队参加抗日。送女儿参军早在设想之中，只是希望女儿再长大些。当时她只有十一岁，还太小，母亲着实不忍心。可她决心已定，噘起小嘴，把辫子甩到脑后，对着母亲倔强起来。

“把孩子交给党吧！”苏中军区管文蔚司令员的话打消了母亲的犹豫。于是，她和比她大一岁的张惠手牵着手，兴奋无比地来到苏中军区卫校。

参军时，母亲将她改名为傅红渠。“红渠”二字取自古典名著《镜花缘》中的巾帼英雄绿红渠，母亲的喻义由此可见。

1945 年初，她小小个头穿上了肥大的新四军军装，幼稚的脸上充满喜悦。腰间系上一根宽大的皮带，觉得威武神气。她学着大人的样子，挺起胸膛，把头高高昂起，迈着大步走在路上。她心里高兴极了，夜晚睡觉都在偷着乐。

学习、出操、队列等，她学得有模有样。半年紧张的卫校学习结束后，她学会了基本的医学护理。经过实习后，她被分配到新四军后方医院，成为一名护士。

她要给伤员去换药了。在认真做好换药准备后，她端着装有药品、纱布的

惠民医院遗址

托盘来到伤员身旁。当她揭开包在伤员伤口的纱布时，一股鲜血涌了出来。傅红渠一时停住了手，她被鲜血染红的伤口和浓浓的血腥味震住了。那是一个在大腿上的碗大的伤口，皮已绽开，露出鲜红的肉和包着半边的骨头，血和脓溢满伤口。这是日军炸弹爆炸造成的伤口。伤员的整个大腿已经肿得脱不下裤腿。只能将裤腿撕开一条长缝，用来治疗、换药。

傅红渠早就下定决心要做一名坚强的新四军战士。但她毕竟还是一个小女孩，看到此情景，心中不免胆怯。但她很快意识到，“我是新四军战士”。于是，她学着大人的样子尽力控制自己不要哭，最终还是无济于事。她先是低声抽泣，最后竟放声大哭了起来。她为伤员的伤势而哭，又恨日军残忍。她怕弄痛伤员，不忍心下手再去揭开剩下的半边纱布，看着鲜血不停地涌出伤口，她哭得越来越伤心。

“不要哭，小妹妹。”那伤员和蔼地说，就像大哥哥一样，“大胆换药，我不怕疼。我都不怕，你怕什么！”

傅红渠开始稳定情绪，大胆快速地揭开那半边纱布，清洗脓血，然后上药、包扎。她尽量小心动作，生怕弄痛伤员。换完药出来，她满脑子都是刚才的情景，伤员大哥的鼓励和安慰还在耳边回响。“多好的战士啊！”她万分感慨。

然而，更让她难过的还在后头。日军封锁、药品奇缺，她曾几次目睹年轻的战士，因为得不到药物治疗而牺牲在医院里。每每看到这些，傅红渠心中就仿佛被无数针深深刺痛。她把父母送来的衣服、钢笔和许多生活用品送给战士们。革命队伍让她懂得了关爱。

日军终于被打败了。消息传来，那位大腿受伤的战士，扔掉拐杖，出奇地站起来高举双手、尽情欢呼。傅红渠感到，这是不屈不挠的信念和民族力量所支撑的持久抗战的胜利。她和大家一样，摘下帽子，把它高高抛到空中，大声拍手、欢呼。

（本文发表于 2012 年 11 月 10 日，选自《新民晚报》）

烟台抗战老兵纪毅：在掖县挖地洞建地下医院

文／刘晓阳

今年九十五岁的纪毅是招远人，曾任西海军分区军政干校七大队副政委，在西海地下医院担任过区指导员，带领战友们在日军的眼皮下扩建地下医院，并乐观地将井下扩建的医院称为“桃花源”。

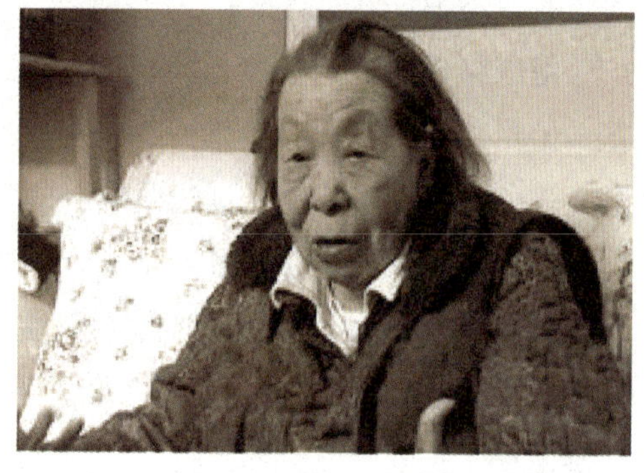

纪　毅

在掖县挖地洞建胶东地下医院

纪毅回忆说，1942年冬天，日军以两万人的兵力，拉网“扫荡”山东。当时她在西海军分区工作，西海军分区领导和西海地委的领导指示，后勤部门——医院的病号、伤员要离开大泽山。大泽山是军事要地，敌人经常来大泽山“扫荡”，驻大泽山的部队决定把病号、伤员迅速撤离。但撤到哪里去呢？最后决定撤到掖县（今属莱州市）。

为什么选择撤到掖县呢？纪毅称，掖县的党组织发展得比较早，形势比较好，所以部队把伤员运到了掖县平里店郑家村，离掖县城只有十华里（一华里等于五百米）。掖县的敌人也是天天“扫荡”，怎么办？最后大家想了个办法：深挖洞。村村挖地洞，鸡窝旁边、锅底下都挖了地洞，到处都是，把伤员安排在地洞里养伤，地下医院就是这么来的。

老乡帮忙乔装掩护到医院

1943年初春，纪毅突然接到一封信，她打开一看，是军分区政治部发的。纪毅原先是军分区政治部指导员，信上的大概的意思是要调纪毅到地下医院工作。

纪毅住在一户姓曲的地主家，便于保护。这家人跟纪毅非常要好，纪毅说第二天要走了，户主就通知了左邻右舍还有村支部，欢送纪毅。到现场后大家一看纪毅的衣服不行，因为要走据点容易被敌人认出来，需要化装掩护。这一晚上左邻右舍都为纪毅想办法。村里有个曲大姐把花衣服送给纪毅，有一家的媳妇送纪毅一双大花鞋。纪毅留的是短头发，跟老百姓不一样，大家就出主意说用麻绳紧紧束起来，绑个假发结在后面。

第二天早晨起来一打扮，纪毅照照镜子笑起来：这不是另一个人吗？大家都笑了，说这下像个老百姓了。早晨，纪毅挎着篮子，篮子里放着孩子的衣服、褯褯布，抱着不到两个月的孩子就出发了。在路上，到处有放哨的敌军，他们看纪毅像个农村老百姓也没有查她，过中午就到王门村了。纪毅称，王门跟普通村庄一样，看不出一点军事特征，部队上的同志迎出来告诉她，分区的意见是，让纪毅担任一个区的指导员、支部分书记。

晚上 6 点以后，纪毅来到了小辛庄，藏在一户人家中。这家有位老大娘五十来岁，有个女儿叫王美荣，曾在西海分区中学就读，现在在村里担任小学教员。老人叫纪毅安下心来，这就是她的家，村里的共产党员、老百姓都是一家人。老人儿子在外面做买卖，便叫纪毅改名为李美清，装作是这家的儿媳妇。

井下扩建医院名叫“桃花源”

纪毅说，当时的条件非常艰苦。她第一次去地下医院，一名叫杨朝喜的同志告诉她，下地洞需要带一盏灯、一根小绳子、一架梯子，否则没法下到地洞里。来到地洞口上，先把封住的洞口揭开，把绳子系在腰上。杨朝喜嘱咐纪毅说：“叫你放手时就放手，不叫你放手千万别放手。”纪毅摸着黑往下走，发觉原来挖的洞是一层一层的，先把小梯子放下去，纪毅拽着一头绳子，杨朝喜拽着另一头，等纪毅顺着梯子下到一层后，就拽一拽绳子，告诉上面到底了。地下黑乎乎一团，什么也看不见。等了一会儿，来了一个小姑娘，拿着一盏小煤油灯，告诉纪毅在底下要弓着腰，有时候要跪着。到了里面，小姑娘告诉病号：领导来看望大家了。纪毅跟坐着的和躺在地下的伤病员一一握手。伤员们都很高兴，说：“书记你来了，我们就感觉有主了。”

当时给伤员用什么消毒？就是用食盐水。工作人员每天一日三餐都要下地洞去送。医生去治疗，小护士负责照顾伤员，大小便都要处理。纪毅叮嘱说，要从生活上照顾好伤员。地下的病号长时间不见太阳，身上都长虱子了，要让他们出来晒晒太阳吹吹风。等伤员都搬出来了，能躺着的就躺着，能坐的就坐着，周边生上火，给他们烤烤衣服，烤烤虱子。等下午 3 点左右再搬回去。地下医院的条件艰苦，但还是不够用，伤员越来越多怎么办？她就想办法扩大地下医院面积。周边朱家村有户人家有个大菜园，园里有口井，旁边有两棵桃树。经房东同意，部队决定从井洞内挖一个洞。这个洞挖得非常成功，里面能容纳一二十人。春天桃花开了，洞口的风景很惬意，大家都不叫这里为地洞，叫“桃花源”。“我后来就写了一篇文章《桃花源》，回忆挖地洞的艰苦，都是亲身经历。”纪毅说。

（本文发表于2015年6月14日，选自水母网）

广志山：八路军的后方医院

口述／郎贵芳　整理／张一博

广志山俗称“广志垴”，又名“中阳山”，位于黎城上遥镇，与襄垣县交界，海拔一千八百零七米。远眺广志山，巍峨险峻，峭壁如削，顶峰直插云霄。倘若是晴天，登顶望远，百里之内，尽收眼底，上党盆地的秀丽风光一览无余。

抗日战争时期，八路军开赴华北前线，以太行山为依托，开辟了晋冀鲁豫根据地，八路军总部后方医院就曾驻扎在地势险要、易守难攻的广志山。在两年多的时间里，救死扶伤的白衣天使化身为白衣战士，先后救治四百多名伤病员，帮助他们重返抗日前线。

一批批伤员被抬上了广志山

2015年4月21日下午，“回望太行”采访组从黎城县出发，沿着漳河西行三十多公里之后，便来到了广志山下。我们顺着山脚下新修的水泥路驱车曲折盘旋，一路向山顶进发。在刚进山的一块田地旁，我们接上了等候在此的郎贵芳。

“村里亲眼见过后方医院的人大都去世了。我年轻的时候，经常听老辈人讲起八路军后方医院的事情。”郎贵芳一边回忆，一边说，“抗日战争时期，村里经常住着伤员，有的裹着头，有的拄着拐，有的自己能走，有的被抬上了担架。村里的年轻人还帮着抬伤员，妇女们还给伤员做饭。”

郎贵芳老人在讲述当年的故事

黎城县人大副主任孙广兴在2012年所写的《广志山八路军后方医院时间之考证》一文

中，也有这样的描述：从武乡方向抬到广志山下平头村许多伤病员，有八路军、国民党伤兵，还有少量日军。伤员们有的裹着头，有的躺在担架上，有的拄着拐杖自己走。村妇救会主任冯宥组织各家各户妇女都往大街上送饭、为伤病员喂饭。当时都穷，有的送米汤，有的送玉米面疙瘩汤。很多村民只愿意给八路军伤兵送饭、喂饭，不愿意给国民党伤兵和日本伤兵送饭、喂饭，村长王三堂、妇救会主任冯宥就苦口婆心地做思想工作。当时，黎城上遥镇已成立了党组织，但未公开，上级有严格要求：要优待俘虏。经过村干部耐心地给村民做工作，村民才觉得既然连日本兵都优待，国民党军是友军，更不能慢待。吃完饭后，村民配合八路军，把一批又一批伤员经贤房村送上了广志山。

郎贵芳一路和我们聊着他所知道的后方医院，不一会儿，我们就来到了距离山顶不远处一个名叫“棠梨坪”的山坳，这里建有广志山革命烈士公墓纪念亭。这是一座建于 1974 年的烈士纪念亭，为的是纪念在保卫后方医院的战斗中，献出宝贵生命的革命先烈。

三十多名八路军战士血捍后方医院

“前面，就是当年安葬先烈的墓地。”郎贵芳指着烈士纪念亭的方向说，“在保卫总部后方医院的时候，咱们八路军只有三十多人，其余都是医院的医生和护士，还有伤病员，战斗打起来后，非常惨烈，总共牺牲了四十二人。”

郎贵芳接着说：“2012 年，在棠梨坪重修总部后方医院的时候，还意外挖出了十多位先烈的遗骨，其中还有两位女性。随后县里将先烈的遗骨重新安葬，就在不远处。”我们看到，在先烈的墓葬前，还摆放着花圈。花圈还比较新，应该是清明节的时候放上去的。

说起保卫后方医院的战斗，还得追溯到 1940 年 10 月 26 日。当时，由于汉奸告密，日军集结一个营的兵力进攻广志山，而山上守卫后方医院的部队仅有一个警卫连。三十余名八路军战士凭借着广志山天险和当地民兵的大力配合，与日军展开激战……在敌我力量悬殊较大的不利情况下，八路军特务团奉总部命令，连夜挥师广志山，以阻击来犯之敌。警卫连经过两昼夜奋战，击退日军的疯狂进攻，保卫了医院的安全，使八路军总部后方医院安全转移。天快亮的时候，特务团赶到和敌人交了火，他们故意把来自黎城的敌人吸引到了平头、下庄一带的溪谷中。27 日晚，在地方武装的配合下，八路军向包围圈内的日军发起了突然袭击，不到两个钟头，一举歼灭了包围圈内的二百多名日军。

广志山战斗中最激烈的是阻击来自辽县的日军。那是日军三十六师团的一个大队，一千多人装备精良，气势汹汹。这队敌人进入广志山后，遭到了特务团的

长治市的革命烈士公墓

阻击，以为遇到了主力部队，摆出了决一死战的架势。28日凌晨，日军动用大炮向我军阻击阵地猛轰。但是，特务团主力把日军紧紧压缩在山腰。尽管日军疯狂进攻数次，仍不能向前推进一寸。于是日军请求飞机助战，一架轰炸机从长治飞来，由于受地形限制，扔下几枚炸弹就逃走了。战斗进行了四个多小时。28日午后，溃败的日军向平头村方向急忙撤退。

“1939年，村里组织了儿童团，宣传抗日是儿童团的主要工作之一。”郎贵芳说，“那时，儿童团的任务也用歌声唱出来。有《青年抗日先锋队歌》《民兵七大任务歌》《晋东南青救会歌》《儿童团团歌》等，以前村里的老儿童团团员还能哼出调调，现在却没人记得多少歌词了。年龄稍大点的儿童团团员还负责站岗放哨，盘查路人和送情报。听老人们讲，村里的儿童团和电影里演的一模一样。”

我们将永远铭记先烈的功勋

抗战时期，日军对抗日根据地的严密封锁和疯狂的“三光”政策，导致物资严重匮乏。医院缺医少药，医疗条件极差，常常连消毒的酒精都没有，只能用烧酒代替，那时弄一瓶烧酒也不容易。麻醉药品更是奇缺，只有重大的手术才能用。一般伤员开刀动手术，都无法打麻醉针，都是强忍着剧烈的疼痛进行的。可是为了挽救伤员的生命，取出嵌入他们身体里的子弹或弹片，割除烂肉与碎骨，医生们不得不在没有麻醉剂的情况下进行手术。那种疼痛是普通人难以想象的。

由于医药奇缺、手术环境差，使得伤员感染率高、并发症多，有的伤员病情难以控制，得不到及时治疗而为国捐躯。再加上卫生环境恶劣，受伤寒、霍乱、疟疾等时疫的威胁，致使有些伤员旧伤未愈又染上了新的疾病。还有的医生或者护士在手术中意外受伤，甚至牺牲。国际友人白求恩大夫就是典型的代表，他在抢救伤员时左手中指被手术刀割破感染，并很快转为败血症，最后牺牲在抗日的后方战场上。

黎城县人大常委会副主任、黎城“红色百村”项目负责人孙广兴说：“1974年，黎城县在广志山后方医院烈士公墓旁边，专门建起了纪念亭。如今县里又在原址上重修后方医院，为的就是让后人永远记住那些为抗战甘愿抛头颅、洒热血的先烈们，他们为中华人民共和国的诞生所作出的贡献是值得永远铭记的。”

（本文发表于2015年5月29日，选自长治市人民政府网）

八路军后方医院
千年古橿见证红色精神

文／姚辉常

在党的群众路线教育实践活动在全国各地如火如荼开展之际，在荥阳，有这样一处地方也备受教育活动学习者的青睐。它就是位于荥阳市环翠峪的八路军后方医院。这个先烈们生活和战斗过的地方，1987 年就被荥阳县（今荥阳市）人民政府列为文物保护单位，1996 年更是被共青团郑州市委员会定为爱国主义教育基地。而今，这里已经成为大家缅怀革命先烈，进行爱国主义教育、党的群众路线教育实践活动的场所。

两千多名八路军战士，在此疗伤

抗日战争时期，环翠峪属于豫西抗日根据地。1944 年 4 月，皮定均司令员和徐子荣政委率领八路军豫西抗日先遣队来到这里，与敌人展开了激烈的战斗，并最终取得了胜利，但也有许多英勇的战士在战斗中受伤。1944 年 9 月，豫西抗日支队对环翠峪地理位置进行考察，发现这里四面环山，南面有密县（今新密市），东面有荥汜（今荥阳市），北面有巩县（今巩义市），西面有偃师独立团，已成为豫西抗日根据地的核心，而且地理位置隐秘，方便治疗四方伤病员。1944 年 10 月，豫西抗日支队卫生部部长高长喜命令由战旭东带领有治疗经验的医生及部分战士在三坟村慎家窑洞筹建八路军第二卫生所，后逐步发展成豫西抗日根据地八路军后方医院。

自 1944 年 9 月至 1945 年 9 月，八路军后方医院历时一年，共救治两千多名为抗战浴血奋战的八路军战士。当时为国流血的英雄战士们就在现存的三孔窑洞内疗伤，故而人们称这三孔窑洞为“英雄窑”，皮定均司令曾多次来此慰问伤病号。解放战争期间，部队奉命南下后，医护人员及轻伤员、病员随部队南下，重伤员依然安置在环翠峪二郎庙各山坳的群众家中。

医院伙房，常见百姓家孩子身影

据悉，八路军来到这里后，密切联系群众，了解群众所思所需，积极开展各项工作。自1944年冬到1945年春夏，八路军在豫西开展群众性“倒地运动”和减租减息活动。根据地的广大贫苦农民从地主手中原价倒回了自己赖以生存的土地，成为当时最得人心的一件大事。粮食、房屋、牲畜从地主手中被清算回群众家中，还发展了地方党组织和农会。群众积极参军、参战，主动侦察敌情，给八路军站岗、放哨、送茶、送饭、做军鞋、抬担架、护理伤病员。群众主动把自己家腾出来让八路军居住，根据地军民团结如一家，鱼水情深，发生了很多可歌可泣、感动人心的故事。

据当地老人回忆，八路军后方医院的伙房里，经常有老百姓家的孩子来这里吃饭。有一次，时任八路军豫西抗日独立支队司令员的皮定均到此看望伤员，吃饭时发现，有个十来岁的孩子眼巴巴地盯着自己。见此情景，皮定均什么也没有说，马上把孩子拉到自己身边，把饭让给他吃。

窑洞内外，军民关系融洽一家亲

在八路军后方医院，三孔窑洞特别有名，当时这里住着伤病员和院部医护人员。医院无法满足需要时，很多伤员都被分散住在当地群众家里。当时最多时住有五十多名伤员的窑洞，条件十分简陋，伤病员都直接睡在草铺上。民兵和儿童团站岗放哨用的红缨枪，平时战士们练习刺杀、队列时用的木枪，伤病员使用过的拐杖，病房照明用的油灯，群众自制纸糊的风灯，做手术时用来照明的马灯，群众为八路军采草药、挖野菜用的挎篮，为伤病员熬药用的砂锅……现在仍一一陈列。就连军民共用的织布机，抬伤员的木板，当年战士们用过的病床和水缸等，现在也都真实存放。

当时在三坟村，军民关系十分融洽。所长战旭东经常利用工作间隙带领大家给群众担粪、锄地、收割庄稼；轻伤员为群众纺花织布；医院免费为群众治病。1945年春正逢饥荒，当地群众自己挖野菜，却纷纷将细粮捐给医院；每次打仗，群众都积极参与抬伤员。

1945年农历八月初六，部队奉命南下，医院工作人员、轻伤员随部队行动，重伤员安置在二郎庙、陈庄各山坳老百姓家中。在部队离开时，军民依依难舍，洒泪而别。

千年古橿，拒腐防变素养受人敬

在八路军后方医院，窑洞屋顶上的一棵千年古树格外引人注目，这就是当地的稀有树种之一——古橿树。《山海经》中曾有记载，浮戏山环翠峪橿树生长茂盛。

八路军后方医院旧址

橿树木质坚硬，在古代主要用来制造车轮，现在世界上的古橿树数量极少，千年古橿更是少之又少。这棵古树在这里历经几世沧桑仍枝繁叶茂，特别是它的树冠就像一把雨伞覆盖着整个院落，在抗战时期起到了巨大的作用。当年儿童团团长慎天才曾多次爬到树上放哨、送情报。那巨大宽广的冠盖成功地掩护着医院的病房，保护了一批又一批的伤员脱离险境，由此获得了“英雄树”的美誉。

2007年，时任郑州市纪委书记的王璋参观后有感而发，于2009年写下了《古橿礼赞》的名篇。在文章中王璋称赞：古橿树具有坚固的根基、稳而不躁的品格、安贫乐道的特质、拒腐防变的内在素养。树木如此，人亦如此。他写道：“木欲其长必固其根本，人欲其长则倚其内养。树以稳而不躁乃成参天巨木，人若急功近利势必欲速不达。安贫乐道的古橿品格，更为可鉴的人生态度。拒腐防变的古橿特质，给人生以有益的警示。”2012年环翠峪管委在此立碑，以此激励大家学习宝贵的古橿精神。

（本文发表于2014年4月18日，选自《郑州晚报》）

抗战时期江阴的后方医院

文／李春才

为了适应战争的需要，江阴河塘、澄西和东乡的中圩村，先后建立过三所医院，抢救、医治伤病员。

1940年6月，江南抗日义勇军（简称“江抗”）在河塘街东的姜太公庙建立了一所医院，没多久院长陈伯瑜搬进附近的蓬仙庵。该医院对外公开的名称是“广济医院”，性质为地方医院，配备医生若干名，护士三名。1941年，主力部队撤走，医护人员把重伤员藏到野外茂密的荃稞岗里休息，天黑以后，医生冒着生命危险背着药箱去替伤员换药。有一次一位外科医生去无锡购药，被日军发现，惨遭毒手。后来，重伤人员由地下交通员和医护人员护送，秘密撤往苏北。

1940年7月，江抗在澄西金菜家塘建立了一所医院。由于日伪军对根据地实行经济封锁，药品奇缺，医疗条件十分艰苦。半年多以后，医院与当地一疗养所合并，改称“澄西疗养所”，办在利港江边，所长为高浩然。1941年9月，西石桥开展反顽战斗，疗养所收容伤员一百余名，配合了军事斗争。之后随部队主力撤往苏北。

1941年7月，日军在苏州、常熟、太仓地区大规模“清乡”，新四军第六师十八旅所属的广济医院和第一疗养所转移到段山东北面的中圩村合办，称“新四军后方医院”。当时这里是新四军澄锡虞的大后方。医院滨江而设，有芦苇丛掩护，也便于北撤。许一贯担任院长，附设疗养所，所长为张力，有顾英、余琴等八名医生和十多名护士，地方医生顾耀春、朱小郎也常到医院服务。医院建立时，有伤病员五十余名，其中重伤员十八人，大多数是截肢伤员。他们分散住在村里的百姓家中，由区、乡抗日民主政权领导下的革命群众供养和掩护。医院设有简易手术室、药房、伙房等，有简单的手术器械和一般药品。医生、护士大都来自上海、苏州、无锡等城市，年纪轻，革命信念强，不怕危险，不怕苦和累，争相为伤病员洗污秽

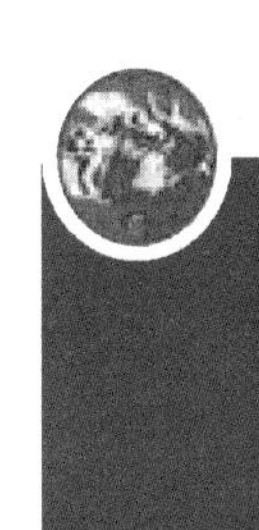

物品，给伤病员喂汤、喂饭，用器皿为伤病员盛大小便。医务人员还每天给伤病员读书刊报纸，讲革命故事，对待伤病员像对待亲兄弟一样。旅部为医院配备一个班日夜轮流警戒，以保障伤病员的安全。是年8月，日伪军开始在这一带“清乡”。有一天，侦察员发现日伪军向中圩方向游动，立即奔到较远的西面江边鸣枪，把敌人引走。在这几个月里，有不少伤病员重返前线英勇杀敌。后来战斗日趋紧张，医院奉命撤往苏北。

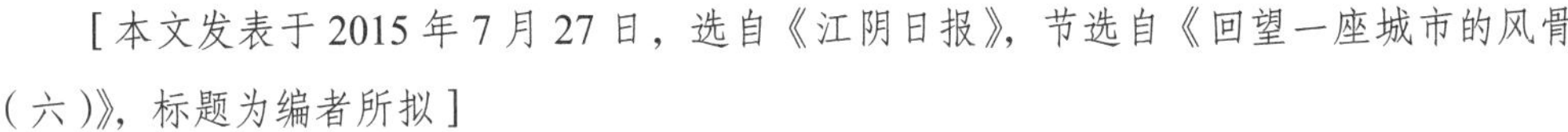

［本文发表于2015年7月27日，选自《江阴日报》，节选自《回望一座城市的风骨（六）》，标题为编者所拟］

庄黄医院：博施济众的后方医院

文／马安娜

八路军后方医院旧址

老旧的外墙上，“庄黄医院”四个大字的石灰已经剥落，门口矮小的灌木在夏日的阳光下显得郁郁葱葱。一扇对开的铁门，锁住了院子里的房舍，也封存了属于这个院子的历史。龙山镇退休干部黄岳大带领笔者来到庄黄医院外时，一眼望去，这不过是一个并不起眼的旧院落。当铁门“吱呀——”一声被推开时，犹如电影里的蒙太奇，一个个穿着白大褂的身影仿佛在眼前活了起来……

这里，曾经是当地数一数二的医院

1934 年，旅沪商人黄裕明遵其父母遗愿，在龙山镇甸山乡（今东渡村）庄黄购地 4.75 余亩（1 亩约等于 666.7 平方米），造屋二十四间，当地的一些贾商士绅出资购置、捐赠医疗器械，聘任俞士英先生为院长，创办起了济众医院。因为地处庄黄，人们一直称其为“庄黄医院”。

医院坐北朝南，有前进七开间、中进七开间和后进三开间，以及中院东西厢房各三间，其中前进、中进与厢房连成“口”字形。院中的门窗，多为圆形拱门，有浓郁的西洋式建筑风格。黄岳大一一指出：“这里是药房，这里是病房，这里是手术室……”

当时，医院设有内科、外科、妇产科等多个科室，还有手术室和药房，置有腹部手术器械、显微镜、助产器等在当时算是比较先进的设备。全院共有二十张床位、六名医护人员。在相当长的一段时间内，济众医院是当地数一数二的医院，在

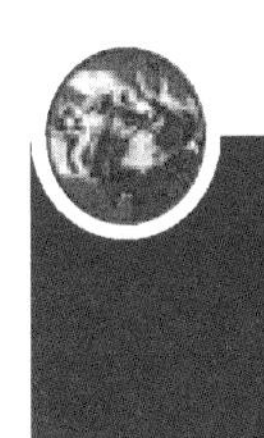

三北地区乃至整个宁波都享有盛名。

好的医院，除了有先进的医疗设备，更离不开救死扶伤的医护人员。庄黄医院的首任院长俞士英毕业于宁波光华医学院，曾在附属光华医院工作过一段时间，后又在山东齐鲁医科大学和北平协和医院进修。他精通内外科，熟悉产科，对贫富病人一视同仁，尤其对贫病者免费施诊舍药，竭力抢救垂危病人。

“庄黄医院还向三五支队输送了两名护士。”黄岳大话语之间透露出一股骄傲。

这里，曾经救治过四十余位新四军战士

“这里埋着王桂生先烈的右臂。”黄岳大把笔者带到了医院北部的一块空地上，那里立着一块墓碑，上面写着“王桂生先烈右臂埋葬处”。

王桂生曾在1942年6月的石柱寺战斗中身负重伤，被送到庄黄医院救治，由俞院长主持手术。手术中锯下的手臂，被埋在了医院里的空地中。在王桂生的回忆中:“俞医师爱国抗日、医术高明，真使我忘不了。我成了独臂后，生活不能自理，护士护理得十分周到，在住院期间，我感到温暖如春。”

庄黄医院救治过的战士，不只有王桂生一人。抗日战争时期，在爱国抗日的俞院长的带领下，全院医务人员在服务普通伤病员的情况下，又竭尽全力为抗日战士包扎伤口、截肢、钳取弹片，治疗患疟疾、疥疮的同志。凡是地下党、三五支队送去的伤病员，都在庄黄医院得到了精心的治疗。

1941年6月，镇北、慈北筹建抗日武装失败。共产党员李平、沈一飞、邱焕高等人被处以枪决，李平和沈一飞壮烈牺牲，邱焕高受了重伤。在地下党人的帮助下，邱焕高被送到庄黄村隐蔽，由俞院长每天为他清理伤口，使他原本化脓的伤口很快得到了控制。

发生在庄黄医院的故事还有很多。据统计，庄黄医院前后救治过新四军战士四十余人，这里实际上成了我军不公开的后方医院。

多年过去，庄黄医院在战争结束后，也一直作为医院使用。在二十世纪八十年代末，它成了一间普通的乡间敬老院。2011年，庄黄医院旧址被列为文物保护点，以一种新的方式，讲述属于这个院子的风雨变迁。

（本文发表于2015年7月22日，选自《慈溪日报》）

抗战记忆中的后方医院

文／张　波

1941年6月，中国共产党领导的浦东抗日武装（后改为“新四军浙东游击纵队”）南渡杭州湾，会同余姚、慈溪、镇海的党和地方抗日武装，开辟了以四明山为中心的浙东抗日根据地，在中华民族解放史上留下了卓越的功勋。

从踏上四明山的土地开始，浙东游击纵队就与日、伪、顽军展开了反“围剿”、反“扫荡”、反“清乡”等艰苦的斗争，有许多指战员在战斗中负伤。因残酷的战争环境的需要，党领导的抗日部队开始设立简陋的流动疗养所，并逐步建成为相对稳定的后方医院。从根据地建立到新四军北撤的这段时间里，后方医院承担了大批伤病员的收容和治疗任务，为抗日力量的保持和壮大提供了强有力的后勤保障。浙东游击纵队的白衣战士们在最艰难的岁月、最艰苦的条件和最险恶的形势下，与伤病员一起，同甘共苦，恪守职责，在与日军和伤病的斗争中，谱写了救死扶伤、荡气回肠的乐章。

在纪念中国人民抗日战争胜利70周年之际，追寻曾在身边闪烁过的红色医院，或许能串联起那段珍贵的历史。

颠沛流离的红色医院

浦东部队南渡后，随着战斗的不断加剧，总部建立了一些流动的疗养所。1942年8月三北游击司令部成立后不久，就建立了慈北疗养所。随着部队的不断扩大、战斗的日益频繁、伤亡减员的增多，建立相对稳定的后方医院并配置部队医疗卫生机构被提到了重要议事日程上。1943年初，慈北疗养所改为“三北后方医院”，并成立了四明疗养所。1943年梁弄解放后，成立了新四军浙东游击纵队卫生处，举办了数期卫生训练班，为部队储备了卫生技术人才，同时四明疗养所改为“四明后方医院”。为了规避敌人的“围剿”、适应游击战争需要，医院的驻地不断转移、更换并日益扩大规模，而且在崇山峻岭之中设立了好几个后方医院。

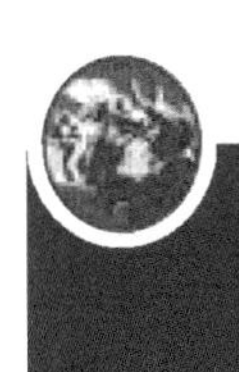

1944年纵队成立了卫生部，对各地零星的后方医院进行了整合，并任命了后方医院的主要领导：庄秉，江苏镇江人，1943年任三北后方医院院长，1944年任浙东游击纵队卫生部副部长、后方医院院长。黄明（与出生于今属梨洲街道金冠村原名金达的烈士同名），上海浦东人，任浙东游击纵队后勤部政委，1944年任卫生部政委兼后方医院政委，1945年任新四军浙东游击纵队留守处代表。1945年9月，大多数医务人员和伤病员随浙东游击纵队从晓岭后方医院北撤，同年11月，后方医院遭敌人破坏而毁。

1943年初，浙东游击纵队政治部迁至陆埠袁马村，后方医院也迁到袁马村大洋弄内。

1943年春，后方医院短暂地迁到陆埠杜徐村。以徐家祠堂作为住所，后祠堂成为鲁迅艺术学院浙东分院院址。

1943年11月，后方医院迁到鹿亭岩头村。

1943年11月底，后方医院又返回至陆埠余鲍陈村。

1944年初，后方医院迁至陆埠裘岙村。

1944年春，后方医院曾短暂地在鹿亭石笋驻扎。

1943年至1945年，浙东游击纵队后方医院姚虞分院一直设在陆埠石门的鲁岙村山沟里，名叫“云鹿庵”的三间破旧而隐蔽的陋室是伤情相对较重的战士疗养的地方。

除了袁马、杜徐和余鲍陈是比较大的山村，岩头、石笋和鲁岙只是有几十户人家的小山村，很难完成后方医院的后勤保障，于是纵队司令部就选定了桐岭和晓岭两个院址。

位于桐岭村的后方医院是比较固定而且设立时间较长的后方医院。1942年秋，中共丈亭区委的田丰和王佩秋两位同志，受纵队司令部的委派，秘密地观察了桐岭的政治和地理状况：桐岭处于丈亭的北边，是一个四面都被青山包围的小村庄，百来户人家，大多姓陈。村庄呈簸箕状，北枕大湾山，向南唯一出村往丈亭的大路是一条四公里长、荆棘丛生的弯弯曲曲的山路，环境隐蔽、地形复杂、易守难攻，便于疏散。保长陈芝川是一个爱国、爱民的开明人士，表面上应付日伪军，谨慎听命，暗中服从共产党的指令。于是，纵队决定在敌后的这个神秘而安全的村落里建立桐岭后方医院。由庄秉兼任院长，副院长项庚主持日常的医务工作，起初医院就设在陈芝川家里。陈芝川家有三间楼房和四间平房，在伤病员较少的情况下尚能应付。随着前方战斗的日趋激烈和伤员增多，“陈家大院”已不能适应新的医务工作要求了，于是就在附近比较偏僻的大湾山和朱家山选了两个地址，分别搭建了五间和三间草舍屋。当时，轻伤员住在大湾山，重伤员或需要手术者住在朱家山，最多时伤病员有七十多人。桐岭的村民热情地呵护着子弟兵，演绎了一段军民鱼水情的佳话。1944 年春天，映山红怒放的时节，浙东游击纵队政委谭启龙、司令员何克希等军政领导来到桐岭后方医院，肯定了医院的工作，慰问伤病员、看望医护人员、感谢当地老百姓。随着抗战胜利和国民党军队的“围剿”，桐岭后方医院被迫于 1945 年 6 月迁址于晓岭后方医院山南分院，完成了历史使命，载入浙东抗日斗争的光荣史册。

位于晓岭（今晓云村）的后方医院是新四军浙东游击纵队随军医院，也是规模最大、持续时间最长的后方医院。1943 年，晓岭成为后方医院山南分院的驻地。这里地处晓庵岭脚，离梁弄和陆埠十余公里，是一个有近千年历史的古村；南北山高岭陡，层峦叠嶂，中间大溪东流，村居沿溪而筑，在当时属富饶而有规模的山村。浙东游击纵队在晓岭举办了数期卫生训练班，培养了大批优秀卫生人才。这里医疗技术力量相对较强，所以远在奉化、嵊县（今嵊州市）、上虞和岱山的受伤的抗日勇士都送到晓岭医治。1945 年 6 月，后方医院总院从桐岭迁到晓岭村，三庙六祠堂成为后方医院的驻地，医务人员和伤病员最多时达到一千多人。1986 年 12 月，乡镇企业发达的晓云乡在曾经做过病房的东岳殿东边立碑记志，并请时任中央顾问委员会委员的谭启龙题额。1997 年，鹿亭乡拨出专款在晓云村建立了简易的后方医院陈列室，弘扬和传承救死扶伤的革命精神，缅怀白衣军魂。2013 年，鹿亭乡政府在晓云村新建了“浙东后方医院”，赋予了纪念和为当地百姓医疗服务的双重功能。

医院文化和精神

按照现代医院的管理模式来说，辗转于深山野岭里的后方医院其实是称不上医院的，再放大也只是医院的创伤科或康复科。但就是在这样简陋、艰苦、贫乏的条件下，后方医院还是为抗战的胜利提供了强有力的医疗保障。

当时新四军卫生工作的方针是“面向连队，保健在先，医生与护士合理分工，发扬红军时代医务人员英勇果敢、与伤病员共甘苦的精神”。

当时，医院往往建在偏隅一角的寺院、庙庵和祠堂里，条件好一点的就是乡绅的小屋。病床是乡亲们送的或自己打理的“竹榻眠床”，作为固定骨折的夹板是自己用毛竹片削成的，有时候用剃头刀替代手术刀，也有用毛竹片做手术刀的。没有消毒液，就用盐水浸泡，在那个年代的山村里盐也是很稀罕的食品。药品匮乏，满山遍野的中草药成了最大的资源，没有战斗的时候医务人员上山下溪采摘。山栀子外敷治疗跌打损伤，溪边的鱼腥草治疗咳嗽，路旁的“刘寄奴”治疗中暑，艾叶晒

干后做成艾条用来灸治各类创伤。

“这里是医学的园地，我们是红色的卫生战士。我们有敏捷艰苦、勇敢创造的作风，我们有鹰儿的眼、慈母的心、无产阶级的友爱。用医药做刀枪，病室是我们的战场。在前线、在后方，抢救将士创伤，保障同志们健康，研究科学，追求真理，我们是卫生战线上一支坚强的力量。”这是当时流传在后方医院的一首歌曲——《我们是红色的卫生战士》。最初的医务工作者是有志于抗日、怀揣着崇高信念，从上海、杭州的医药护士学校出来奔赴梁弄的热血青年，然后再经过一层一层地培训形成了医生—护士链。他们除了医治伤员还要面对敌人的“围剿”，防止蛇兽虺虫的袭击，克服山岚瘴气、水土不服的困难。没有高超的医学技术和经验，他们凭的是革命热情，勇于实践，边干边学。

还有一首《救护之歌》：“炮声隆隆火光熊熊，战马嘶啸烟云迷浓。我们这英雄救护队，跃进在枪林弹雨中，为了胜利，为了胜利。不怕敌人如虎凶，不怕毒气满天空。坚决救护在沙场，不让伤员受苦痛。炮声隆隆火光熊熊，我们英雄救护队，已在胜利中，前进中！前进中！”

具有献身精神的医务工作者在后方医院扮演了多种角色：他们是医生，医病治伤是天职；他们是战士，要防止敌人的袭击，保护伤员的生命安全；他们是老师，空闲的时候教负伤的战士读书识字；他们是心理师，用细腻的语言慰藉战士因受伤、远离战场而郁闷的心情；他们更是白求恩式的白衣军魂，在战火纷飞的背景下，在群众的掩护下完成了对抗日志士的医疗救治工作。

医院附近的群众也是义务的医务工作者，搬运伤员、拆洗被褥、护理和端尿倒屎，甚至献粮送衣。最感动的是伤病员经过医务人员的精心救治护和理后，恢复健康，告别医院，重返抗战前线。

回首刻骨铭心的片段

时光的沙尘湮灭了发生在后方医院的那些卓越、正能量的故事，但还是能用有限的文字，截留下一些美丽的片段，诉说激情燃烧的岁月。

1945 年 1 月 17 日，美军第十四航空队的十六架战机炸毁了上海龙华日军空军基地上的七十四架日机。1 月 21 日，美军一个二十二岁的叫托勒特的中尉，驾驶一架 P–51 野马式战斗机在侦察日军空军基地时被敌高射炮击中。值得庆幸的是，在飞机坠毁前，托勒特成功跳伞逃生。在当地居民的帮助下，他逃脱了日军士兵的追捕，到达新四军浙东游击纵队淞沪支队。新四军司令部得到这个消息后认为浦东是平原，又靠近上海，托勒特的疗伤有安全隐患，务必把托勒特安全送到浙东游击纵队司令部后方医院养伤。至此，拯救大兵托勒特的故事开始。一个多星期后，托勒特的伤情稍微稳定，1 月 30 日晚上，在淞沪支队的护送下，托勒特乘小船离开浦东，后转乘大船穿越杭州湾，从慈溪古窑浦上岸，再渡姚江，2 月 1 日安全抵达余姚梁弄司令部驻地。现今九十岁高龄的盛林当时是后方医院卫生所所长，担负了照顾托勒特康复的医护工作。他每天给托勒特被灼伤的皮肤进行消毒换药，并对身处异国他乡、举目无亲、身受创伤的他进行心理疏导。经过五十多天的疗养，托勒特康健如前。在告别后方医院卫生所的时候他深情地说道："在这样艰苦的条件下，我得到了你们的精心治疗和护理，十分感谢，期望全世界脱离战争，很快过上幸福生活。" 3 月 22 日，护送托勒特的队伍从梁弄出发，经过近一个月的辗转，于 4 月 18 日将托勒特安全送到美军驻临海办事处。后来，美军送来一架二战时期最先进的发报机和一百万元储备币，以示感谢。

陆埠桥西的元宝岭是当年新四军浙东纵队后方医院留守处的五名伤病员奉献青春和热血的地方。随着抗日战争的胜利，1945 年 10 月 20 日，新四军浙东纵队留守处代表黄明到宁波和国民党三十二集团军副司令兼"前进指挥部"指挥官陈沛进行谈判。依据国共两党的协议，新四军浙东游击纵队伤员和医护工作人员从后方医院所在地晓岭出发，经陆埠、三七市、鸣鹤场、海边到古窑浦上船渡海去苏北，国民党军队不得沿途阻拦伤员和医务人员的北撤。但当第一批伤病员于 10 月 31 日傍晚到达陆埠时，国民党驻军背信弃义，马上上前阻拦和拘押。留守处主任黄明前去问讯交涉，也被扣留关押。伤病员和医护人员选出六名代表前去谈判，结果除一名代表深夜跳窗出逃外，其余五名竟全被国民党陆埠驻军枪杀在桥西的元宝岭。当日大雨滂沱，在抗击日军的战斗中负伤的民族英雄，竟惨死在国民党的枪口下，苍天也为之落泪。这五位英烈是：魏排长、朱积贵、周禹木和两位无名烈士。

随着伤病员的增多，筹措医疗器械和药品成了非常棘手的问题。即使是买到了药品和器械，运到桐岭还要经过日伪军的严密封锁和层层设卡检查。智勇双全的陈芝川则向纵队领导推荐了在宁波日军警备司令部当翻译的王康其。王康其是桐岭邻村寺前王村人，早年留学日本。日军占领宁波后日本侵略者招纳王康其为翻译。其实王康其是一个有民族气节的"汉奸"。"身在曹营心在汉"。他先是通过各种人脉采购好当时属于高档抗感染的磺胺噻唑（俗名"消治龙"）等药材，然后和消毒纱布、手术器械一起藏在陈芝川用上好木材做成的高档棺材里，对日军谎报在甬做生意的老乡因传染瘟疫而暴殁，需土葬于老家而出城。正好碰上日伪军的盘问检查，一听说是传染瘟疫而死便纷纷避开。王康其把棺材送到宁波到余姚的客船上，陈芝川则带领游击队员和村民假装成死者的

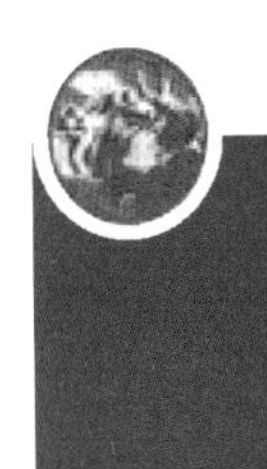

亲属，披麻戴孝，哭哭啼啼，在丈亭码头等候棺材上岸。最后安全地通过敌人的岗哨，顺利地把药品和医疗器材送到桐岭后方医院，解决了医疗器械和药材的短缺。

（本文发表于2015年11月20日，选自余姚市国防教育网）

在后方医院

文／杨　沫

我是一个从以环境残酷著称的十分区来后方休养的久病未愈者。这一天，5月27日，我住在完县（今顺平县）岭西村。

清晨，嘹亮的号声把我从梦中惊醒了。我从床上爬起来，来到村南的临时操场。卫生部的工作人员正在集合跑步，我跟在排尾，跑了约十分钟，休息了四次，但血管里的血流动得快了。虽微微气喘，却感觉到了轻松与愉快。

这一天，是和平常的日子一样过去的：吃饭、休息、吃药、打针、散步……没有什么新鲜的事发生。中饭、晚饭都是吃的白面，无论多么困难的情形下，八路军的卫生机关，总要找白面给伤病员们吃。我拿起白面饽饽，看着我旁边工作一天却咽小米干饭的医生同志们，心里总觉得有些不安……

抗战前，我在都市里，也生过病，但病痛带给我的最大痛苦，并不是身体的痛苦，而是那冷酷环境里给我精神上的残酷压榨。我做教员和职员的时候，生了病，即使请一天假，也要请代工，薪金自然归代工；病了用费增多，而经济来源却没有了。为了吃药活命，不知发过多少愁。

抗战后，我到冀中十分区工作，病了两年了，没有谁叫我去找代工，没有谁要扣我的生活费，相反地，我倒用了我工作的地方无数金钱，八十元、一百元、三十元、五十元……一次次地用下去。我自己常常感到无限的惭愧和内疚。在抗战时期经济这样困难的情况下，却为我——一个平常的干部，消耗这样多的物资……我像一个幸福的孩子，睡在母亲——伟大的党的怀抱里，没有牵挂，没有忧愁。

5月27日，这冀中的一日，我还在病着。用着贵重难得的药品，吃着非常难得的白面，生活在无限友爱与温暖的后方医院中。回忆起过去那种冷酷的生活，我难过得想痛哭；看一看今天的幸福与温暖，却又愉快地要大笑。

我想念十分区，我恨不得病立刻好，战斗在大清河的平原上。

（本文写于1941年，选自《冀中一日》，河北人民出版社，2011）

石湾当年有所东纵后方医院

文／李燕文　贺小山　谢思雄　杨世杰　邓林恒

“希望这里能建个纪念馆，或纳入红色旅游规划。”2013 年是东江纵队成立七十周年，博罗县石湾镇西田村西埔村民小组八十七岁高龄的村民马中流的这个愿望更强烈了。

老人所说的这个地方就是东江纵队当年在博罗的后方医院——惠民医院。七十年前，博罗石湾镇群众马烈夫妇在家乡创办了惠民医院。在战火纷飞的年代，他们克服药物匮乏、人手短缺等种种困难，救治了不少抗日游击队伤病员。据悉，当年东江纵队司令员曾生的儿子曾德平就在此出生。

医务所成游击队交通联络点

博罗县党史部门经考核研究认为，惠民医院这个革命史迹生动地阐释了“群众与东纵战士联手抗日”的动人事迹，有较高的党史研究价值。日前，在马中流老人的带领下，笔者重游了惠民医院遗址。杂草、断墙残垣……如今惠民医院大部分病房已坍塌，幸存的诊疗室、药房、炮楼等也残旧破败。

据了解，惠民医院的前身是位于博罗县石湾镇的马炽昌医务所，由马烈（原名马炳炎、马炽昌）及其夫人阮群治创办。家境富裕的马烈，十八岁考入广州中山大学医学院护校，并结识同校同学阮群治。两人深受革命思想影响，具有强烈的爱国情操。1941 年 5 月，马烈夫妇回到广东人民抗日游击队经常出没的地方石湾镇，创办“马炽昌医务所”，并很快与东江纵队取得联系。

“马烈夫妇以医务所做掩护，冒着生命危险，经常收治博西一带的抗日游击队伤病员，并积极为游击队采购紧缺药品。”马中流回忆道，“医务所实际上成了游击队的地下医院和交通联络点。”当时，马中流年纪虽小，但按辈分来说，是马烈的堂叔，与马烈的关系很好。

秘密救治经常遭日伪军骚扰

当时石湾镇是敌占区，医务所经常遭到日伪军的骚扰。同时，受场地限制，医务所也无法容纳日渐增多的伤病员。1943 年 5 月，马烈在父亲马海筹的支持下，把医务所迁至家乡西埔村村民小组，改名为“惠民医院”。马海筹将大部分房产贡献出来建立的惠民医院，一共十九间房，占地约一千平方米，设有诊疗室、药房、住院部和炮楼等，开设了内科、外科和妇产科。

“惠民医院的规模、环境、设施、设备等，在当时是很好的。”马中流回忆道。但医务人员很少，医生只有马烈，护士只有阮群治一人，她既是麻醉师、护理员，还是接生员。据了解，当年东纵司令员曾生的儿子曾德平就是在惠民医院出生的。

“那时环境很复杂，救治伤员的工作都是秘密进行的。”马中流说，“虽然这个医院比较偏僻，但是为了不让敌人发现，往往选择深夜时分从医院侧门将游击队伤员送进来。”据介绍，马烈夫妇为了掩人耳目，选择在惠民医院的前面病房救治日伪军伤病员，在大屋后面的病房偷偷救治抗日游击队的伤病员，整个惠民医院经常塞满伤病员。

“当时，药物和人手都非常不足，有一些队员因伤势过重救不回来，马烈夫妇只能趁着深夜把尸体抬到医院附近的地方埋葬。”回忆起这些往事，马中流不禁热泪盈眶。

后来，惠民医院由于经常接纳东纵的伤病员，引起当地汉奸、特务的注意，难以为继。1945 年，马烈夫妇携带医院所有的医疗器械和药品，参加了广东人民抗日游击队东江纵队。而今，在惠民医院遗址中耸立着一座西埔村抗日纪念碑，纪念碑记录着当年的革命故事。在谈话的最后，马中流手抚纪念碑，久久不肯离去。

（本文发表于 2013 年 11 月 29 日，选自《惠州日报》）

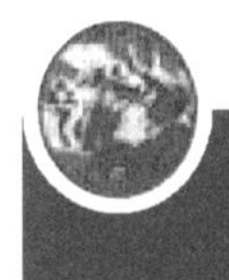

民抗、江抗后方医院

文／马济元

民抗，全称“常熟人民抗日自卫队”。1938年2月，李建模、杨浩庐两位同志受中共江苏省委派遣，来常熟县（今常熟市）建立党组织和抗日武装。当时，出身中医世家的任天石变卖了全部家产，组织起了一支有四五十名群众参加的自卫武装。与李建模、杨浩庐取得联系后，任天石接受党的抗日主张，加入了中国共产党。而后，他们吸收其他抗日武装，正式成立常熟人民抗日自卫队，任天石任司令员，杨浩庐任副司令员兼政治部主任，民抗医院也应运而生。

翌年初，浦东人张贤、庞露夫妇随常熟县委书记李建模来到常熟，于苏家尖莲荡浜从事抗日部队的医疗工作。借农民的家，因陋就简办起民抗医院。至夏天，为便于转移和隐蔽，上级配拨一只农用木船作为民抗的水上流动医院。

是年5月，新四军第六团以江南抗日义勇军（简称“江抗”）名义东进常熟，民抗编入江抗。其时，新四军第六团卫生队与常熟民抗医院合并成立了江抗后方医院（十几名医护人员多半是由上海地下党输送），由原第六团卫生队队长林震任院长，张贤任医务主任。

同年9月，江抗西撤离开常熟。10月初，杨浩庐奉命返回常熟传达上级指示：重新组建抗日武装，坚持原地斗争。11月6日，以留守在阳澄湖地区的新四军第六团三十六位伤病员为骨干，成立江南抗日义勇军东路司令部（简称“新江抗”）。《沙家浜》故事中的十八位伤病员，原型就是新四军第六团的三十六位伤病员。

1938年的常熟民抗医务所

1940年，江抗后方医院工作人员合影

1940年2月，新江抗的洋沟溇反袭击一役，挫败了日军的阴谋，打出了新江抗的威名。此役中，杨浩庐负重伤，转移至科泾村蒲潭浜唐家坝唐发顺家中，由后方医院的王璘等护理，数月后他伤愈重返前线。

白茆镇镇志记载：“白茆乡科泾村蒲潭浜，为1940年至1941年6月江抗、民抗后方医院所在地，该处河道纵横，路径曲折，杨浩庐（新江抗副司令员兼政治处主任）负伤后曾在后方医院养伤，后方医院还吸收了多批江抗伤病员。”

镇志又记载：“1965年初，白茆乡科泾村二队社员在平整坟地时挖到小量杯三只，小针筒一只，针筒芯三只以及盐水瓶等，经鉴定为新四军后方医院实物。”笔者是白茆科泾村二队人，挖出后方医院实物的那块土地，过去属于我家。笔者当时在二队做饲养员，去现场看到了可以装几畚箕的碎玻璃，很多农民还拿走了部分玻璃器皿做纪念，上交的只是很少的几个。

1980年春，杨浩庐偕王璘重回常熟，去了董浜的涵芬阁（阿庆嫂原型以及《沙家浜》春来茶馆）和徐市镇的办公旧址，也来了我家和唐发顺家——1940年杨副司令员养伤的后方医院，接见了为江抗摆渡撑船的农民。

（本文发表于2013年7月1日，选自夕阳晚情网）

胶东抗日地下医院揭秘

文／刘新国　徐中华　郑永军　王　琳　王鸿云

中国传媒大学教授朱光烈——一封寻亲信，引出地下医院

胶东军区西海军分区地下医院重新纳入人们的视线，缘于一封来自北京的寻亲信。这封来信出自中国传媒大学知名教授朱光烈先生之手。

日前，烟台警备区军史征集办公室的同志向笔者出示了这封寻亲信。来信是这样写的——

尊敬的烟台警备区领导：

我是中国传媒大学教授朱光烈，山东莱州人。我写信的目的是想让你们帮我查找有关我父亲的一些事情，了却我多年的心愿。

我的父亲叫朱跻青，是抗日战争时期参加革命的，在胶东军区西海军分区卫生处工作。家人只听说，父亲是1942年牺牲的，但父亲牺牲在什么地方，在什么战役中牺牲的，他在部队干什么工作，我们一直都搞不清楚。父亲牺牲的消息传到我们家中，母亲由于过度悲伤，不久也去世了。我们兄弟三人既要逃避日本人的追杀，又要生活，吃尽了苦头，但是我们寻找父亲的愿望却从未间断。

六十多年过去了，我们一直不停地在寻找……多少次，我们兄弟三人到处去找寻父亲的坟墓，都没有找到，甚至连父亲的部队和战友也没有找到过。现在，我已从工作岗位上退下来了，空闲时间我更加怀念父亲，寻找他的念头也越来越强烈，所以请你们给予帮助……

收到这封行行含情的寻亲信后，烟台警备区军史征集办公室的同志查阅了大量的历史资料，又向所能联系到的、在胶东战斗过的老首长进行了咨询，但没有任何线索。

突然有一天，一位女同志打电话给征集办，说她八十五岁的母亲纪毅是一位参加过抗战的老战士，1943年开始在胶东军区西海军分区卫生处工作。2005年是抗战胜利 60 周年，老人希望把她亲身经历过的一些鲜为人知的战争史实，写成回忆录留给后人。

征集办的有关同志如约来到第二十六军干休所纪毅老人家中。这是一位性情爽快、身体硬朗的老人，虽然年逾古稀，但思维仍清晰，对战争年代发生过的事情记忆犹新。纪老告诉征集办的同志，她是 1938 年 7 月参加革命的，1943 年开始到胶东军区西海军分区卫生处工作，担任地下医院朱旺医疗区政治干事兼支委书记。这是征集办的同志第一次听到地下医院这个名称，因为在胶东有关战争史料的记载中从未见到过地下医院的记录。

当晚，征集办的同志把纪老几万字的回忆录和有关资料，从头到尾细细翻看了一遍，突然又想起朱教授来信中提到他父亲曾在西海军分区卫生处工作，纪老讲的地下医院也是在大泽山和掖县周围（战争年代这里属胶东军区西海军分区），这两个单位会不会是同一个单位？为此，他们再次采访纪老。纪老告诉征集办的同志，抗战时期，胶东军区西海军分区卫生所，对外就称“医院”，以前在这个医院工作过的同志在世的还有居住在广州的孙希诰同志和在上海的刘子坚同志等。根据纪老提供的线索，征集办的同志又联系到了孙希诰和刘子坚同志。经过他们的回忆，证实了朱教授的父亲朱跻青同志 1943 年在西海军分区地下医院做军医，1944 年在西海独立团作战中牺牲。同时，孙老和刘老还透露，这所坚持了两年的地下医院共救治了两千多名抗日战友，为胶东抗战作出了巨大的贡献。

朱教授一封寻找父亲的来信，了却了他六十年的心愿，也找到了当年胶东地下医院的工作者，从而揭开了一段鲜为人知的战争史实。

刘子坚老人追忆峥嵘岁月——地上不安全，将伤员转移到地下

为全面了解胶东抗日地下医院，笔者连线在上海的刘子坚老人，他给笔者讲述了这所地下医院当年组建及开展工作的情况。

回忆往昔峥嵘岁月，刘子坚老人心绪难平。在抗日战争时期，胶东半岛抗日根据地被划分为东海、北海、西海、南海四个地区。1941 年夏，上级决定以西海区指挥部为基础，建立胶东第三军区，负责领导西海、北海和南海三个地区的地方武装。1942 年，胶东军区成立后，又将第三军区撤销改为西海军分区。

当时，西海军分区卫生处由王一峰任处长，下设四个卫生所，一所驻招远，二所驻平度大泽山，三所驻栖霞，四所驻昌邑县。同年 10 月，为了抗日的需要，卫生处又将这四个所合并成一个卫生所，称为“胶东军区西海军分区卫生所”，对外称“医院”，任命刘子坚为该所指导员。那时，敌人在大泽山抗日根据地周围新建了稠密的据点，距卫生所驻地最近的只有 2.5 公里，对我军造成了严重的威胁。敌人还扬言要在大泽山最高点——北峰顶上安设据点，把大泽山根据地压缩到“一枪就能打透”的范围内。后来，大泽山根据地被压缩得只剩下南北一条山脊，东西只有 2.5 公里，完全处于敌伪据点包围之中。形势严峻，为了应付敌人冬季拉网大“扫荡”，保证后勤部门的安全，上级连夜决定让卫生所迅速撤出大泽山区，转移到西海地区具备良好掩护条件的掖县老革命根据地。11 月初，卫生所分批转移到掖南郝家、临疃河、柞村和掖北王门、郑家埠、高郭庄等村隐藏并开展救治伤员的工作。

大“扫荡”结束后，卫生所总结了敌人大“扫荡”对救治伤员的不利因素，在地方党组织的帮助下，开始深挖地洞，创建了地下医院。并设立了王门、西北障、朱旺、南掖、南招五个医疗区，王门、西北障、朱旺为中心区，各医疗区配有军医政工干部负责领导各村的医疗工作。医院创建后，为了加强领导，上级对领导班子进行了调整。任命当时的卫生处处长王一峰兼任所长，刘子坚为指导员兼党支部书记，另外，还分别任命了副所长、副指导员和行政管理员等职务的领导。

说起当年在抗战中抢救伤员的事，刘子坚老人心绪难平。刘老告诉我们，在地下医院工作，每个人既要抢救伤员，又要挖地洞掩护伤员。挖地洞是既艰苦又危险的事情，许多女护士，白天忙了一天，晚上还要挖地洞。在弯弯曲曲的地洞里，灯火暗淡不清、膀子甩不开、腰直不起来。大量的泥土只能一盆盆、一筐筐传递出去。很多人因长时间在地洞里干活而生病。

“地下医院”在此挖地洞隐藏伤员

地下医院有严格的纪律。前方送来的伤员来地下医院治疗，一律脱下军装换便衣，未经批准，不许出洞；村与村、地洞与地洞之间不准发生横向联系，地洞的位置只有房东和医疗区领导知道；护理人员分别做房东的“儿子”“女儿”或“儿媳”“兄弟姐妹”，每人都要熟悉房东一家三代和左邻右舍的情况，还要准备一套“口供”，以应付日军的盘查。另外，地洞挖在谁家，谁家就要承担很大的风险，一旦被敌人发现，不仅房子被烧掉，全家也有被杀害的危险。许多村干部、共产党员带头在自己家中挖，地洞挖好了，军民一条心，掩护伤病员。

当时伤员的伤情大部分是手榴弹和地雷伤。伤口面积大而脏，且一般过了四五天后才转到地下医院，因此，伤口化脓、生蛆较为常见，在治疗和护理上都遇到很大困难。在医疗卫生条件异常艰苦和极度缺医少药的情况下，工作人员开始尝试着自己动手土法制造和生产脱脂棉、蒸馏水、氯化钠等最普通的物品，甚至找出许多民间偏方来给伤员治病。比如上山挖草药，用荠菜酒止血，用大蒜治肠炎、痢疾，用生姜、大葱头治感冒，用艾蒿针灸关节炎等。刘老还告诉笔者，朱光烈教授的父亲朱跻青是一名非常有责任心的军医，在当时药品极度匮乏的情况下，朱跻青军医组织了一个有十几个人参加的药剂训练班，耐心地一遍又一遍地传授知识，并印发了油印的小册子给学员。经过一个多月的训练，学员们学会了五十多种药品的配制，在救治伤员方面起到了很大作用。

刘老还回忆说，前期医院中没有会开刀做大手术的医生。直到 1943 年，胶东军区卫生部派来了军医张燕，才在医院开展了扩创和截肢手术，从死亡线上挽救了许多伤员的生命。当时，医院里连一本普通的医学书也没有，王一峰处长就拿出他在北平卫校读书时珍藏的一本《外科学》，给军医张燕专用。除自力更生外，卫生所的同志还到敌占区的城镇购买药品，有的同志因此而献出了年轻宝贵的生命。

纪毅老人噙着泪水回忆——血雨腥风，仿佛就在眼前

为弄清当时地下医院的救治情况，笔者又根据烟台警备区军史征集办公室提供的线索，采访了纪毅老人。采访中，老人家用颤巍巍的双手捧出了当年的一条印迹斑斑、长五米有余的“裹腿”。她告诉笔者，这可是她的“传家宝”。“它已经陪伴我六十多年了，想起抗日战争的血雨腥风，仿佛就在眼前。”八十五岁高龄的纪老眼中噙着泪水，熟练地再次将裹腿一道道缠在腿上。

纪老告诉笔者，她祖籍招远，1938 年 7 月参加八路军，1939 年 4 月入党。1943 年春天，根据工作需要，她作为唯一的女政工干部，被派往胶东军区西海军分区掖县朱旺医疗区任政治干事兼支委书记。为避人耳目，二十三岁的纪毅化装成一名村姑，抱着数月大的女儿，前往目的地。顺利到达后，她在当地村民的帮助下扮成一位房东大婶的“儿媳妇”，躲过了日军的搜索。

说起当年在地下医院工作的情况，纪老告诉我们，她所在的朱旺医疗区是敌占区，日军经常到村里“扫荡”。为了医救伤员，她和同志们就在村民的炕头、菜园等隐蔽处挖地道。在前线受伤的伤员被地下工作者秘密送到地下医院后，就在那里接受手术、养伤，直到痊愈。因日军不定期地进村“扫荡”，伤员们大部分时间只能待在潮湿、阴暗的地道里，很多伤员满身都是虱子，皮肤也会起疮溃烂。

“在那个年代，护理工作异常艰苦，所有活动都在地洞内进行。洞口如井口，上下极为困难，每天送饭、送药、处理大小便，要通过洞口许多次。这些十三四岁的护理员，一只手拿着便盆，一只手扶洞壁向上爬，稍不小心就会把便盆打翻，粪

便会从头到脚浇下来，虽然恶心得吐了，但仍然含着眼泪继续工作。”纪毅老人回忆说。

除了救治伤员，还得时刻对付日军的“扫荡”。老人回忆说，在1942年，掖城的日军来到小武官村，六名医护人员来不及躲避，只好和老百姓一起接受日军的盘查。一个伪军硬拉着地下医院的炊事员老韩当向导，老韩是外乡人，口音不对，路也不熟，推托说生病不能走路。日军骂了一声“八格”，用指挥刀的刀背向他肩膀砍了下去，逼着他带路。当老韩还在犹豫的时候，日本士兵凶狠地举起刀向他砍来。这时一位老大爷擎住了日本士兵的手，说:“他确实生病，我路熟，身体好，愿意带路！”伪“村长”（实为我党地下工作人员）也求情，日本士兵才放下刀，救了老韩一命，可是这位老大爷——共产党员武福来，却一去不回。

伤员由于长期住在阴暗潮湿的地洞里，见不到太阳，呼吸不到新鲜空气，变得脸色蜡黄。由于前期工作缺乏经验，工作人员在挖地洞时没挖通气眼。一天，敌人“扫荡”时，曹格庄的一个地洞口被盖起来，差点把藏在地洞里的七名伤员憋死。接受这次教训后，各医疗区的地洞都连夜打了通气眼。

“洞里面缺氧，我们就用一根根竹管从地下通往地上，以便空气流通。”纪老回忆说，情况危急时，伤员们要忍受着饥饿和憋气，在洞下藏匿十多天。敌人走后，工作人员会安排伤员出洞“放风”，那些受伤较重的伤员，通常四个人用棉被将其裹起来抬出洞。

“我们不仅要保护伤员，还要做老百姓的思想工作。”当时有个别医疗区，因为汉奸的告密，致使地道中的伤员被日军搜出并全部杀害。

纪老告诉我们，就是在这样极端艰苦的环境中，抗日地下医院圆满地完成了治疗两千多名伤病员的任务。1944年下半年，全国抗战形势好转，上级决定把卫生所转到地面上来，坚持两年的地下医院完成了历史使命。

（本文发表于2005年7月25日，选自《烟台日报》）

为受伤战士献血　送牺牲同志返乡
——赵县九十二岁高龄抗战老兵回忆当年野战医院的峥嵘岁月

文／石　维　苗　静　杜倩倩　褚　琪

加入部队文化队，他和队友以文艺形式为前线战士加油鼓气；为了上前线打日军，他多次申请成为一名战士；在野战医院任司务长时，他数次为伤员献血……这位九十二岁老兵名叫王会锁。回忆起那段战争岁月，老人因为年事已高，很多经历已经淡忘，但抗战年代的一些片段他仍印象深刻。

王会锁，河北省赵县大夫庄人。1922 年出生，1943 年入伍，先后在赵县五区小队、七十一团、六十三军人事处任司务长，1954 年转业。曾在赵县人民武装部、水利局工作，退休后返乡。

爱看报纸　最常念叨的是抗战经历

赵县县城向东，穿过一片郁郁葱葱的梨区后，眼前豁然开朗，那里就是王会锁老人的家乡大夫庄。一个农家小院内，九十二岁高龄的王会锁老人正在看电视。

他的儿子王平周告诉笔者，这两年老人的身体大不如前了，不仅患有心脏病、高血压，腿脚也不利索了，只能扶着特制的椅子慢慢向前挪动。

王会锁家如今已是四世同堂，老人平时的生活乐趣就是读报纸、看新闻，现在也很喜欢京剧。“我眼睛一点儿也不花。”老人说着，伸手拿起身边的报纸朗声读了一段新闻。

王平周介绍，近几年，老人经常半夜醒来后就睡不着了，然后自己一个人在屋里念叨以前抗战时期的事，有时会坐在院子里大喊一些口号。大多数时候，王平周听不懂父亲在自言自语些什么。偶尔，老人才会和孩子们讲起抗战时期的经历。

“父亲年老后很多事都记不清楚了，有时思维还会有些混乱。只有一些让他印象深刻的片段回忆，让他念念不忘。”

笔者采访当日，王会锁精神不错。得知笔者的来意后，他脸上浮现出笑意，眼睛也变得亮晶晶的，随后挪动椅子从卧室走向客厅。儿子、儿媳欲搀扶，他好强地摆手说道：“我自己走，不用扶。”

在哪里战斗就把医院建在哪里

王会锁的抗战经历要从 1943 年讲起。那一年，他二十一岁。

“当时我哥为地主家扛活儿。一次我替哥哥干活儿时，不小心弄伤了地主家的牛。那时家里穷，担心地主让我赔，就离开家投奔了八路军。”王会锁说，他的姐夫当时在赵县开了一个修车铺，修车铺后边的小屋就是八路军的联络点。他是在姐夫的引荐下参加八路军的。因为上过几年学，有文化功底，王会锁入伍后不久就被派去管理文化队。“那时文化队里都是女同志，我经常和她们一起给部队的战士慰问演出。那时的慰问演出主要通过唱歌、朗诵给战士加油打气。”因为文化队远离战场，满腔热血的王会锁专门找到上级领导，提出希望跟随部队参加战斗。

不久后，王会锁的申请得到上级批准，他成了一名八路军战士。跟随部队转移后不久，他被派到野战医院管理伤员的伙食，做起了司务长。没能扛起枪打日军，始终是王会锁心中一件憾事。但即便如此，他还是叮嘱自己不要有情绪。“不管在哪里，都要为抗日尽一份力。”“当时条件不好，野战医院就是用树枝支起一个棚子。战斗在哪里打响，医院就会搬到哪里。”他记得，那时虽然身在医院，枪声、炮声却不绝于耳，不断有受伤的战士被抬进医院接受救治。他们总是想方设法给伤员们弄点好吃的，偶尔有肉吃也会先让给伤员们。当时医务人员和药品非常有限，医疗设备也极其简单，很多战士因为伤势严重得不到有效治疗而牺牲。

一次，一位年轻的八路军战士在战场上身负重伤，被抬进了战地医院。“医生说这位战士多处受伤后失血过多，如果不能马上为他输血就会有生命危险。”回忆起这些，王会锁眉头紧皱。他记得那个战士是 AB 型血，而医院里可以为其献血的同志都不是这种血型。王会锁立刻伸出胳膊说：“抽我的！”经过检验，王会锁的血型正好是 AB 型，可以给伤者献血。

那一次的献血量很大，献血后胳膊发麻的感觉他现在记忆犹新。但他用自己的血挽救了一个抗日战士的生命，他现在提起这些仍然特别自豪。

他们的力量毕竟有限，仍有很多战士因抢救无效而牺牲。“我在赵县参加抗日时，小队长名叫谷进堂（音），他特别英勇。后来我调到野战医院任司务长后，谷进堂不幸在一次战斗中牺牲了。”王会锁神情沉重起来。他说谷进堂牺牲后，上级了解到他们是同乡，便派他把这位烈士的遗体送回家乡。后来，他又将另一位同乡送回了家。回忆起这些，年迈的王会锁握紧了拳头。

（本文发表于 2014 年 8 月 29 日，选自《燕赵晚报》）

柏石崖村：高山密林藏石村曾为抗日后方医院

文 / 路文兵

登封市徐庄镇柏石崖村，是高山密林中一个有着两百多年历史的古村落。柏石崖地处半山腰岩壁之上，四周群山环抱，一道天然溪水辗转流下，穿村而过，寥寥落落的人家，散落在溪水两岸。一条迂回的石径和几座小小的石拱桥，串联起几十栋石屋。古藤老树，竹林石屋，阡陌交通，鸡犬相闻，村民过着“山中无甲子，寒尽不知年”的桃花源般的散淡生活。但这个小村曾以抗战时期豫西八路军后方医院而闻名。

竹林掩石屋

2015年3月12日下午，登封郊外暖风熏人，春色七分。路两边油菜花遍地流金，小伙子开着摩托车呼啸而过，后座的姑娘手里擎着几枝初开的桃花，笑靥相映。

开往柏石崖村的小路曲折蜿蜒，仅容一辆汽车通过。颠簸着穿过断崖和山口，一个小村出现在群山环抱中，静谧安详。山坡上花开满树，如一团团彩云在此休憩。随处可见迎风摇曳的竹林，更为这个静谧的小村平添几分雅致。

“来这儿的人，都说俺们这是桃花源。”七十二岁的甄欣老人见到笔者，热情地招呼起来，“进屋喝口水！”

枯藤，老树，修竹；小桥，流水，石屋。这是一个小村子，小到只有六十多户人家。村内建筑以四合院为主，除去搬走和到外面打工的，村里只有三十多口人常住。

他们担柴、挑水，日出而作，日落而息，过着悠然的生活，就连悠闲散步的大公鸡，也任性地在傍晚打起了鸣。

老人告诉笔者，柏石崖，当地人又叫“柏树崖”“白石岩”，究竟叫什么也没有个固定的说法。老人说，村名需要拆开了讲：一是因为这里以前古柏成林，二是村内建筑大都以石头为主。

柏石崖古村落始建于清中期，至今已有近两百年的历史，因地处偏僻，保留相当完好。村落里的奇木异石众多，形态各异，其中树龄在两百年以上的树木也有数棵。

在穿村而过的河沟里，一棵古树横卧。“那时候古柏可多了，这四周山上全是高大的古树。现在少了，河沟里那棵两百多年的算是岁数大的了。”糙厚的树皮和快被掏空的树干，记录着这个村落的世外时光。

村民王中央说，柏石崖村环境闭塞，交通不便。历史上百姓生活一直比较苦，只能就地取材，把石头作为建筑材料来建房子或作其他用途。柏树崖村至今保留的石砌房、小四合院、石砌窑洞、石墙瓦房依然完好。

石桥架小溪

柏石崖四周群山环抱，东至鬼推磨，西至西坡岭，南至老岭口，北依大熊山。一道溪水辗转流下，穿村而过，寥寥落落的几户人家，星散在溪水两岸。

村子被一道山沟一分为二，石拱小桥又将山沟两边的居民连在一起。山沟并不宽，小石拱桥便显得小巧而精致。夕阳下，春风里，几位老人坐在桥头聊着天。

甄欣老人告诉笔者，村民王金旺家房前的那座石拱小桥，是村子里最古老的石拱桥，始建于清朝，至今有三百多年的历史。“这座桥是从老辈就有的，剩下的几座是几十年前修的。”

村子地处半山腰的岩壁之上，一条迂回的石径和几座小小的石拱桥，便串联起几十栋石屋。漫步小路上，春风拂面，炊烟袅袅。看着古老的石屋、磨出凹槽的石磨盘、打上岁月印痕的喂马槽，觉得仿佛时光在这里打了个盹儿，一切又是那么安然。

石拱小桥将河沟两边的居民连在一起

在村里走着，石屋交错，曲径通幽。房屋、桥拱、河渠、凳子、马槽等物件均是石头制成的。两百多年来，众多的石砌房、石墙瓦房依然完好如初。

曾为后方医院

站在村头半山腰上往外看，柏石崖山高林密，一条绿树掩映的小道蜿蜒通往山外。如果不走进村子，仅站在村外的山坡上，很难发现这里还藏着个古老的山村。

后方医院旧址

也正仗着这样隐秘的地形，这个仅有两百多人口的小村落，在烽火连天的战争岁月里反而成了兵家最佳的选择地。抗战时期的八路军豫西抗日后方医院便选在了柏石崖。

据记载，1944年9月29日，受党中央和毛主席的指派，皮定均司令员率豫西抗日先遣支队来到登封，在白栗坪和马峪川（今徐庄镇）一带建立了嵩山、箕山豫西抗日革命根据地。1945年6月，野战支队接到了拔除大冶据点的任务。“午夜战斗打响，由于该镇寨墙坚固，寨内敌人数量多、装备好，战斗异常残酷，一直持续到7月上旬才结束。我军有三百多人死伤，鲜血将大冶寨壕的水都染红了。”村里的老人回忆说。

为了救治伤病员，河南军区决定建立抗日后方医院。考察人员沿着羊肠小道一路上行走了几十里，来到柏石崖村。由于柏石崖村背靠大山，易守难攻，皮定均司令员就把豫西抗日后方医院设立在这里，当地老百姓习惯称为“八路军后方医院”。

后方医院在柏石崖村存在了两个月时间，先后有两百多名伤病员在这里接受了治疗，有十二名战士伤重不治把生命留在了这块土地上。如今，村头废弃的石屋墙上，还依稀可见“后方医院手术室”“后方医院伙房”的字样。

（本文发表于2015年3月20日，选自《郑州晚报》，有删节，原标题为“柏石崖村：高山密林藏石村”）

中国红十字会抗战期间的敌后救护行动

文／池子华

1937年七七事变，拉开了中国全面抗战的序幕。在中国共产党的不懈努力下，国共两党携手合作，共同抗日，中国红十字会抗战救护进入一个新阶段。

在正面战场，中国红十字会提供战场救护不遗余力；在敌后战场，中国红十字会对八路军、新四军伤员的医疗救护也给予高度重视。在共产党领导下的抗日根据地，红十字旗帜猎猎飘扬。

奔赴延安

1937年底，中国红十字会首批派出第七、第二十三、第三十九三支医疗队奔赴西北，协助八路军开展医疗卫生救护工作。

三支医疗队中，由中央大学、齐鲁大学联合医疗队改编的第二十三医疗队最为精干。1937年10月，该队曾在安庆的一个后方医院为上海战场及沪宁路沿线作战中负伤的重伤员进行手术治疗。短短四十天时间，完成大小手术近八百例。

1937年12月20日，三支医疗队由汉口乘车北上郑州，途中几经周折，月底抵达西安。八路军驻西安办事处中共中央代表林伯渠在七贤庄驻地接见了三支医疗队全体队员。

随后，三支医疗队由外科医师侯道之领队，乘卡车向延安进发。在延安，队员受到八路军留守处首长萧劲光，中共联络员姬鹏飞，后勤部卫生部副部长饶正锡、孙仪之和边区医院院长傅连暲等人的热烈欢迎和盛情款待。当晚举行了欢迎会，毛泽东主席致欢迎词，使队员们深受鼓舞。

鉴于第二十三医疗队总体实力较强，姬鹏飞及卫生部两位部长与侯道之队长商定：第二十三医疗队到距离前线最近的第二后方医院（后改为“兵站医院”）协助工作，负责该院手术治疗任务；妇产科医师金茂岳、内科医师谢景奎及第七、第三十九医疗队留在边区医院协助工作。

山洞医院的日日夜夜

第二后方医院位于延安市区向东四十公里的甘谷驿。院部原是一个旧天主堂，依山穴洞而成，灰砖铺地，石灰粉墙，倒也显得整洁、明亮。手术室、药房、消毒室、办公室、食宿地都在这山洞医院。医院的仓库、病区设在院部后面的山坡上，条件简陋。

第二后方医院除院部外，还设有四个医疗所：一所在甘谷驿东延水边上的杨家湾，距院部十余里；二所在延川县禹居镇，距院部上百里；三所在延长县交口镇，距离院部近百里；四所在院部西北数十里。

医院范围之大、驻地之分散，出乎队员的意料。分散救治可以尽量接近前线，便于就近收治伤员。一旦形势紧张，也便于农民分散掩护伤员。不便之处也是显而易见的：队员要不辞辛劳，奔波于各医疗所，为伤兵敷药、疗伤。加之山路崎岖，交通不便，困难之多，可想而知。

后方医院的医疗救护工作异常繁重。因当时八路军一二九师、一一五师、一二〇师和薄一波领导的山西新军对同蒲路、石太路沿线日军形成大包围态势，“扫荡”与反“扫荡”持续不断，伤兵众多，院部原有救护力量有限，队员几乎处于超负荷工作状态。

尽管如此，第二十三医疗队还是先后抽调两个手术组，于1938年春、1939年春，分别由侯道之和谢景奎率领到延长县交口镇第三医疗所和延川县禹居镇第二医疗所开展活动。第二十三医疗队的服务对象主要是八路军和山西新军伤病员，其中包括周恩来、林彪、王稼祥等部队首长。

1940年5月，第二十三医疗队被抽调至第五战区的湖北老河口前线开展医疗工作。临别之时，中共中央副主席周恩来、八路军总司令朱德等各级领导以及后勤部卫生部、边区医院、第二兵站医院等有关团体向医疗队赠送锦旗，召开隆重的欢送会，表达边区军民对医疗队衷心的谢意。第二十三医疗队在陕北的近八百天中，完成各类大小手术三千余例，无一死亡病例，这在红会史上是不多见的。他们受到赞誉，亦是理所当然。

1938年初，中国红十字会救护总队总队长林可胜派大队长齐清心率两支医疗队、一支医护队和一支X光队到延安八路军战区服务，受到延安军民隆重欢迎。两个医疗队分别被安排在“中国最大之山洞医院”——宝塔山边区医院，以及甘谷驿兵站医院工作，医护队分在市内门诊部服务，两架X光机分别配备给两支医疗队。

翻越太行山

山西是中国红十字会另一救护中心。1938年9月，中国红十字会救护总队组织三支医疗队（第六十一医疗队、第十三医疗队和“驴马队”）前往山西。他们克服重重困难，突破日军封锁线，顶风冒雪翻越太行山，1939 年 1 月辗转抵达山西潞城，受到朱德总司令及杨尚昆、康克清等的款待。随后被派往沁县八路军野战医院，开展医疗救护工作，直到 1939 年返回西安大队部休整。

1939 年，细菌学家江涛声自德国留学回国，途经香港时，与宋庆龄不期而遇。宋庆龄以“民主大同盟”的名义，从国外募集了一批医药器械，托新西兰友好人士詹姆斯·贝特兰护送至西安，转运延安，江涛声及其妻希尔达护理员被要求同往。

经过千辛万苦，一行人到达目的地。江涛声决心留在敌后战场，他向中国红十字会救护总队第一大队部请求派其到五台山白求恩医院为八路军服务，得到嘉许。第一大队部将要求去敌后为八路军服务的人员组编为第四十医疗队，江涛声任队长。

1939 年冬天，第四十医疗队在八路军办事处刘民的帮助下，离开西安赴五台山白求恩医院。几经波折，渡河到了桓曲。途经山西新军独三旅驻地时，应邀在该军后方医院为重伤病员施行手术，还办了一个培训班，为院方培训医务人员。

不久，第四十医疗队被阎锡山军队围困，几经交涉，始准放行。但祸不单行，当医疗队步行到东路地区时，遭到国民党第二十七军范汉杰部的围困，阻挠医疗队上五台山。在多次强烈要求下，终于获准前行，由第二十七军押送过黄河，返回西安大队部。

第四十医疗队返回西安后，江涛声、郭步洲分别向中国红十字会第一大队部和西安八路军办事处汇报情况。医疗队重新整编，人员扩增到十九人。整编完毕，该队又被派往湖北老河口第五战区，为新四军服务。

中国红十字会除了对八路军抗日根据地提供人力支援外，也经常提供物资援助。如 1938 年 7 月，在巴黎召开反轰炸不设防城市恢复和平大会时，英援华会提议在中国设立国际和平医院，救济伤兵、难民。次年，国际和平医院在晋南一所教会医院落定。中国红十字会承担每月经费中的五十英镑。这座医院也成为国际援华医疗队与红十字会医疗队的共建基地。1939 年冬，以英国牛津大学巴吉尔教授为首的英国援华团，携带约十吨贵重医疗器械和药品，自贵阳图云关出发，由林可胜博士以救护总队长的名义，委派西北视导员郭绍兴在陕西汉中接待，转运西安，交第十八集团军办事处。几经周折后，这批物资运达延安。

北上南下救护伤员

对新四军的医疗援助，也为中国红十字会所关注。

八一三淞沪会战中，中国红十字会上海煤业救护队，调集几十辆汽车，载运伤

兵和难民，往返于伤兵医院、难民收容所和前沿阵地之间。三个月后，国民党军大撤退，这支救护队历尽艰辛，从淞沪前线转战到苏州、宜兴、南京、长兴、宣城进入皖南山区。另一批被交通阻隔滞留在上海孤岛的救护队员，组成医疗小组，携带交通工具、医药物资，分别从宁波、温州、杭州、宜兴、金华辗转赶赴江西、皖南，与队友会师。

1938 年春，由一百余人、几十辆汽车组成的煤业救护队集体加入新四军。他们转战大江南北，为新四军服务，被原新四军华中根据地苏中区党委书记陈丕显赞誉为“(二十世纪)三十年代青年的光辉榜样”。

1938 年，美国作家、民主人士史沫特莱女士以《曼彻斯特卫报》特约通讯员身份深入新四军战地，每周向外邮寄两篇通讯，报道新四军医疗工作和红十字医疗队救护实况，并向国际组织写报告呼吁医药、救护车辆等物资的援助。同时，她将战地调查随时寄送中国红十字会救护总队部，作为总队部了解敌后战场、调整救护力量的依据。

1938 年，史沫特莱由陆路来到长沙，请求林可胜总队长拨发前线奇缺的医药，尤其是治疗“打摆子”(疟疾)的奎宁片和针剂。在她的建议下，林可胜派出两支医疗队前往新四军战区开展医疗救护工作。关于医疗队工作情形，作为战地记者的史沫特莱曾多有报道。

史沫特莱有“中国伤兵之母”之美誉，她穿梭于新四军各战场，及时向救护总队部报告新四军战区伤兵、难民状况。随新四军经南昌时，史沫特莱亲眼看见了红十字医疗队的紧急救护：“第二天，又一场可怕的空袭刚过，我就穿过仍在冒烟的街道到一〇九后方医院去了。有一个红十字救护队在那里工作。甚至在炸弹落到医院四周的时刻，他们也不曾畏缩。我们穿上白罩衣，戴上白帽子，走进手术室……”

自全面抗战以来直至抗战胜利，中国红十字会先后派出二十多支医疗队，到八路军、新四军军中服务，抗日根据地飘扬的红十字旗帜向世人展示了人道的力量。

(本文发表于 2015 年 7 月 7 日，选自《中国红十字报》)

南宁“小乐园”：抗战时期救死扶伤的教会医院

文／安麦尔

广西南宁第一人民医院的前身叫“小乐园”，2014 年 10 月底刚举行过百年院庆；今南宁市中山路基督教堂旁曾有该市最早的西医院“道救”。1939 年，日本飞机对南宁市进行轮番轰炸时，“小乐园”和“道救”两家教会医院的医生，冒着弥漫的战火抢救受伤平民，并让病人得到无微不至的照料。在当时，这两家医院就是灾难中的乐园。

在南宁市共和路基督教堂，九十一岁的牧师梁保罗向笔者回忆了抗战时期南宁教会的事迹。这位正在写《广西基督教史》的老牧师用所见所闻，见证了教会医院在艰难时期所展现出的人道主义精神。

梁保罗曾是南宁市中山路教堂牧师，九十一岁的他仍精神矍铄。1931 年，日军侵略东北时，梁牧师还是小学生，只记得小学校长教他们唱过的《松花江上》。

“九一八，九一八！从那个悲惨的时候，脱离了我的家乡，抛弃那无尽的宝藏。流浪！流浪！整日价在关内流浪！哪年，哪月，才能够回到我那可爱的故乡？”“爹娘啊，爹娘啊。什么时候才能欢聚在一堂？”……在基督教堂一楼，老人一边唱着悲伤的歌曲，一边回忆起不幸的童年往事。

1938 年，饱含爱国之情的梁父撇下妻子和孩子，弃医从军，一去不回。身为长子的梁保罗只能放弃学业，为生计奔波。“我既不能上学，也没有安稳的生活，那时我真的明白了《松花江上》这首歌的内容。”他说。

梁保罗牧师回忆说，战火笼罩下的宗教场所也不是平安的乐土。1939 年，日军轰炸南宁时，一些佛教场所被毁。然而，就在民众四处逃窜之时，教会医院“小乐园”和“道救”却仍坚守南宁，救死扶伤。

南宁市第一人民医院百年院庆纪念册上有这样一段话："1939年1月至8月，日机又多次轰炸南宁各地，炸死炸伤群众数百人。其中8月30日，日机九架来袭，投弹六十余枚，中山路、临江街等九条街道被炸，毁房三百多间，炸死一百三十五人，炸伤一百零一人，犯下了不可饶恕的滔天罪行。'小乐园'和各医院医务人员奋不顾身，穿梭在滚滚的浓烟中，积极抢救被炸伤的民众，将伤员抬、背回医院，精心救治，发扬了救死扶伤的人道主义精神。因而，医务人员成了民众心目中的救星。"

"教会医院真的起了很大的作用，这是我们深深体会到的。"梁保罗牧师回忆道。当时，医院里挤满了伤员。"道救"医院较小，伤员多的时候，三十张病床都被躺满了，走廊里也挤得满满当当。"小乐园"里的一百多张病床也不够用。然而，待到1944年日军第二次轰炸南宁时，中山路礼拜堂和"道救"医院也难以幸免。

回忆起教会医院的事迹，梁保罗牧师说："今年是抗战胜利70周年。教会讲公义和慈爱，但基督徒需要国家强盛、和平的环境才有可能去开展宗教活动。因此，我们要铭记历史，珍惜和平。"

（本文发表于2015年7月7日，选自《中国民族报》）

平江大山里的抗战医院

文/徐亚平　易朗朗　谭诗宁

在湘鄂交界处的平江县上塔市镇黄桥村的大山里，有一座有两百年历史的清代建筑——黄泥湾大屋。在艰苦卓绝的湘北会战中，它被征用为抗战医院。2015 年 8 月 14 日，笔者走进黄泥湾大屋抗战医院旧址，看着墙壁上遗存的抗战标语，仿佛走进了那段金戈铁马、炮火纷飞的岁月。

村支书叶文告诉笔者，抗战医院规模较大，前后运营了四年，医护人员最多的时候有一百多人，伤员两百多人。

清嘉庆二十年（1815 年），黄桥村先人叶善林修建黄泥湾大屋，主体建筑面积三千六百七十二平方米，共一百零八间房。房屋雕梁画栋，四进四出，左右对称，错落有致。虽历风霜雨雪，大屋多处损坏、破败，但其辉煌尚在，特别是抗战时期的贡献为黄泥湾大屋增添了历史的厚重与沧桑。

1938 年 11 月 9 日，日军占领湖北通城，次日清晨即攻打湘鄂交界处的九岭，黄桥村成为湖南抗战的最前线。为救亡图存，早日赶走日军，黄桥村民自发腾出大屋里的住房用作战地医院。

笔者走进黄泥湾大屋，正门墙壁上“保健军民”“本此针砭药石，战胜倭寇病魔”的标语醒目可见。进门右边墙壁上写着“要再痛定思痛，不忘裹创杀敌”；左边墙壁上则是“患者应遵守院制，医生不乱耗药材”；第一个天井墙壁上“病中须整作形态，病愈要端肃仪容”清晰可辨。其落款都是“承德章院制”。

八十五岁的村民叶遂意当时八岁，和其他村民一起自愿参与了照顾伤员的工作。对当年的场景，老人记忆犹新：“大门的右侧就是重症手术室；进门的第一个堂屋，两边都是轻伤就诊处；另外还设有换药处、中药房、熬药房。当时盘尼西林不够，我们就和军医去周围的田埂上挖鱼腥草，给伤病员做猪肉炖鱼腥草，当作消炎的药膳。将士们伤愈之后就上战场！”叶遂意对抗战官兵充满敬意，他告诉笔者，

1941 年 9 月，八名美国飞虎队队员坠机后受伤，在黄泥湾休养了两个多月，伤愈后立即重返芷江机场。

“三百多位重伤的将士医治无效，死在大屋里，村民们将他们安葬在山中。”上塔市镇中学语文老师何瑶光指着远处李家嘴、何家坡、何家湾的抗日战士墓葬群痛心地说。从 2012 年 3 月开始，何瑶光走访上塔市镇六个抗战遗址和七位抗战老兵，用三年时间追忆烽火岁月，创作、出版了二十一万字的纪实小说《铁血九岭》。“身居和平时期的我们，不能忘记抗战历史。作为上塔市镇的老百姓，记录这一段历史，铭记抗战老兵，是一种责任。”

（本文发表于 2015 年 8 月 15 日，选自《湖南日报》）

峥嵘岁月：抗战中的广西医科大学第一附属医院

文／石　鹏　　蓝飞燕

在十四年抗战的艰苦岁月里，在救亡图存、战火纷飞的年代，创建于1934年的广西省立医学院附属医院（广西医科大学第一附属医院前身）几经辗转迁徙，全体师生和医务人员颠沛流离，却始终坚守抗日救国、民族图存的历史使命。师生北上救治抗日将士，在借用的民房、戏院、会馆和自搭的草棚中开诊、复课，直到抗战胜利，一直守护着八桂军民的健康。回首当年历程，追思当年医护人员的坚守，缅怀先辈们的不懈追求，这是对抗战精神最好的纪念。让我们从历史的足迹中重温昔日的艰辛，这一次次的迁徙，是历代第一附属医院（简称“一附院”）人用理想、信念和坚强铸就的奋斗之路。

救民卫国：奉命改为军医院

1937年，奉第四集团军总部与省政府电令，广西大学医学院改为广西军医学校，附院与南宁军医院合并为广西军医院。时任广西军医学校校长的王士成兼任院长。院址在军医院原址，将广西大学医学院附属医院的院址作为军医院分诊所。医院分设内科、外科、妇产科、儿科、皮花科、耳鼻喉科、眼科、齿科、病理科、X光室、药局、检验科等十二个临床、医技科室，有病床三百张。1937年2月，广西军医学校先后增设军医、司药、看护和担架军士及毒气疗法训练班等支持抗战。1937年10月

当时的广西军医院

18日，周泽照率领巡回军阵手术团北上救治抗日负伤将士。同年7月至12月，广西军医院接治门诊病人五万七千三百一十八人次，接收住院病人一千九百七十八人次。

1937年10月18日，广西军医学校全体教职员、学生欢送周泽照率领巡回军阵手术团北上救治抗日负伤将士

辗转（1938年）：田阳县那坡镇

战火不断蔓延。1938年11月，广西军医院遭日本侵略军飞机轰炸，军医学校和军医院疏散到田阳。军医院借田阳县那坡镇商会的房子做门诊部，另设病房于旧街民房，有病床四十张。1939年9月，省政府命令恢复广西省立医学院附属医院原名，10月，将南宁卫生区省立医院改为医学院附属医院，英延龄任院主任。

颠沛流离（1940年）：桂林七星岩栖霞寺

1940年2月8日，附属医院停诊，随学院迁桂林。同年5月抵达。刘懋淳任院主任。以七星岩栖霞寺为院舍，同时在七星后岩设分院接收留医病人。11月11日门诊部开诊。

1941年春，叶培任院主任。筹建新院舍，在院本部改建病室一座，扩大门诊部，并将后岩留医病人迁到前岩新病房。有病床四十张、医师二十六人、护士三十八人。设内科、外科、妇产科、儿科、皮花科、泌尿科、眼科、耳鼻喉科、齿科、公共卫生科及护士部、检验、药局等临床、医技科室。1942年，复设X光科，病床增至七十张。

两路分散：生活极端艰难　仍然坚持开诊

二十世纪四十年代初桂林七星岩的附属医院

1944年3月2日，叶馥荪任院主任。4月，新院舍落成。当年夏天，日军南侵，桂林告急。9月停诊，附院随学院分两路疏散到昭平砂子和融县（今柳州融水苗族自治县）苗区古都村，员工生活极度困难。1945年4月8日，学院代院长张镕带领职员从古都村迁抵三江县富禄村。5月5日在外吉街村公所开诊。设有病房三间、病床十五张。因陋就简，开设内科、儿科、外（含皮花）科、妇产科和眼科。除眼科外，其他科均未开展手术。四个月间，诊治病人一千五百零八人次，收治住

院病人二十八人次，出诊七十八人次。当时有张镕、沈毅教授和熊秉彝、周展骥、田集成讲师，以及职员和医技人员共三十一人。

抗战胜利：复员桂林　艰难重建

1945年8月，日本投降。10月，学院复员桂林。新旧院舍均被焚毁，限于财力，无法恢复。1946年，奉省令与桂林省立医院合并，被指定为医学院的实习医院。院址在桂林叠彩路，背倚叠彩山，东濒漓江。医学院叶培院长兼任桂林省立医院院长。11月6日门诊开诊。住院部有普通病床一百二十五张、传染病床三十张。

回顾：抗战时期广西医科大学第一附属医院的迁徙路线

田阳县那坡镇（1938—1940年）→桂林七星岩栖霞寺（1940—1944年）→桂林昭平砂子和融县苗区古都村（1944年）→柳州三江县富禄村（1945年）→桂林叠彩路（1946年）。抗战胜利，奉省令与桂林省立医院合并，医院改称为“广西省立医学院附属医院”，指定为医学院的实习医院。直至1956年，才安定在南宁市津头村。

抗战时期，医院因日军轰炸而被迫向融水、三江、昭平等地疏散

在中国人民十四年抗战岁月里，战火纷飞，岁月峥嵘，广西医科大学第一附属医院根植于南疆大地。虽然风雨兼程、阅尽沧桑，历经千山万水的辗转洗练，但这一次次的迁徙，是历代一附院人用理想、信念和坚强铸就的奋斗之路。这一路，让“大医大德、至臻至善”的信念得以薪火相传、生生不息！

（本文发表于2015年9月2日，选自广西医科大学第一附属医院网）

中大医院的抗战记忆：首任院长曾率队西迁入川抗日救伤员

文／郭　蓓　程守勤

2015 年是中国人民抗日战争暨世界反法西斯战争胜利 70 周年，9 月 3 日是首个“中国人民抗日战争胜利纪念日”。从 1931 年抗战爆发到 1945 年抗战胜利，在十四年抗战和中国现代医学发展史中，当时的中央大学医学院附设医院（现东南大学附属中央大学医院）发挥了积极作用，留下了一段不可磨灭的抗战故事。

1935年，下令复建中央大学医学院及附设医院

1934 年，中央大学校长罗家伦聘请北京协和医院内科主任戚寿南教授来到中央大学任职，担当重建医学院及其附设医院的重任。

为缓解当时国内医学高等人才缺乏的现状，1935 年 5 月 18 日，中央大学奉国民政府教育部训令，开始筹建医学院和附设医院。戚寿南任中央大学医学院院长，也是中央大学医学院附设医院首任院长。

戚寿南，1893 年 2 月出生于普通工人家庭。1916 年毕业于南京金陵大学，因成绩优异获美国罗氏基金推荐并保送美国留学，就读于美国约翰斯·霍普金斯大学医学院。1920 年获美国医学博士学位，在美国麻省总医院任职，一年后返回祖国。1922 年至 1934 年，戚寿南任教于北京协和医学院，讲授内科学，并任其附属医院内科主任，直到 1934 年前往中央大学任职。

1937年抗战全面爆发，中央大学医学院及附设医院西迁入川抗战

戚寿南教授于 1937 年创立了中华内科学会，并被推选为首任会长。

1937 年抗日战争全面爆发，中央大学西迁入川。中央大学医学院及附设医院迁往成都，并与齐鲁、华西两校联合建立“三大学联合医院”，公推戚寿南教授担任西南联合医院院长。

抗战时期条件困难，戚寿南对广大同胞关怀备至，挽救了无数生命。当时，抗日飞行员英勇与日机作战，负伤飞行员皆送往四川成都的“三大学联合医院”抢救。戚寿南院长在医院内安排了特别医疗区，对每位伤员均亲自诊疗或会诊。

当年在成都，戚院长之名家喻户晓。在他的带领下，大批医学名家在成都联合医院开展医学教育与救死扶伤工作。其中我国妇产科奠基人之一的阴毓璋教授，当时担任中央大学医学院附设医院妇产科主任。

阴毓璋的女儿、中大医院肾脏内科专家、年近八旬的阴东平教授告诉笔者，1937 年抗战全面爆发时，她刚出生十多天，父亲顾不上她们母女俩，带领伤病员赶往重庆，用了几个月时间把医院安顿好。随后赶到成都，与迁往成都的中央大学医学院附设医院专家会合，开展救治工作。“父亲最初是名骨科大夫，后来因工作需要，开始从事妇产科临床工作。”而阴东平也继承父业，一直工作在父亲战斗过的医院，成为肾脏病专家，直至退休。

抗战胜利后，中央大学医学院及附设医院迁回丁家桥，迎来新发展

1945 年抗日战争胜利，戚寿南代表中央大学从成都急返南京，从日军手中接收并恢复中央大学。1946 年，中央大学医学院及附设医院也迁回南京。战后家园破旧不堪，设备资金极其匮乏，戚寿南以其声誉及与美国医学界的良好关系，从美国一些基金会筹集药品、资金，支援中央大学医学院及医院的建设。由于贡献巨大，当时的国民政府曾数度力邀戚寿南从政，均被其婉拒。

西南联合医院门诊楼

戚寿南教授任中央大学医学院及附设医院院长一职直至 1948 年。在他主持中央大学医学事业发展的十四年间，建树颇多。生理学家蔡翘、生化学家郑集、病理学家康锡荣、内科学家黄克维……当时中央大学医学院师资阵容之强、影响之大，在国内外享有极高声誉。

抗战胜利后，中央大学医学院附设医院于 1946 年从四川迁回南京丁家桥 87 号。1948 年，阴毓璋教授出任医院院长。中央大学医学院附设医院又达到鼎盛时期。

在丁家桥 87 号，一百五十亩不到的地方，涌现了一批声名卓著的医学名家和教育大家，如潘铭紫、郑集、蔡翘、戚寿南、康锡荣、郭绍周、姜泗长、阴毓璋、

抗战胜利后，中央大学医学院及附设医院整体迁回丁家桥

张致一、王世真、丁光生、王士雯、张涤生、牟善初等，他们为祖国的医学与生命科学教育，以及医药卫生事业作出了重要贡献。

1949 年中华人民共和国成立后，中央大学医学院附设医院被军队接管，随后几度更名，先后经历了南京大学医学院附属医院、中国人民解放军华东军区军医学院附属医院、第三军医学院附属医院、第五军医大学附属医院、解放军第八十四医院及南京铁道医学院附属医院等多个重要历史阶段。经过八十年的发展，如今的东南大学附属中大医院已发展成为大型综合性教学医院，是江苏省唯一的教育部直属“985”“211”工程重点建设大学的附属医院，也是江苏省首批通过卫生部评审的综合性三级甲等医院。

（本文发表于 2015 年 8 月 31 日，选自中国江苏网）

她家成了秘密战地医院

——“冀中子弟兵的母亲”李杏阁

文／李　萌

李杏阁

李杏阁（1901 年—1964 年），女，河北保定人，后嫁到衡水市安平县报子营村。1945 年加入中国共产党。抗日战争中，李杏阁参加了妇救会，并在家里秘密建立了八路军地下医院。她在极端困苦的条件下，曾先后救护过七十三名八路军伤员，多次沉着机智地掩护伤员脱险。1944 年，她被冀中军区授予“冀中子弟兵的母亲”的光荣称号。1945 年参加晋察冀边区群英会。1950 年被评为全国劳动模范。

她对八路军感情深厚

1901 年，李杏阁出生在安国市一户贫苦人家，十几岁就纺线织布，帮着家里干活儿。十七岁时，她嫁到了衡水市安平县报子营村。婆家的日子也很艰难，一家人辛苦地维持着生活。后来丈夫早早就去世了，只剩下李杏阁拉扯着三个子女艰难度日。母子四人无依无靠，东讨西要，日子过得苦极了。

1937 年抗日战争全面爆发后，八路军来到安平县开展抗日斗争。冀中军区、行署相继在安平成立，并在该地区实行减租减息运动。这对于在苦难中生活的李杏阁来说正如黑暗中见到了灿烂的阳光。抗日政府处处关心她们孤儿寡母，青黄不接时能领到救济粮，逢年过节还能吃上几顿饺子。村里又组织拨工，她家的穷

困生活由此得到了很大改善，生活一天天好起来。李杏阁亲眼看到八路军说话和气、纪律严明、爱护人民，她打心眼里感激共产党、感谢八路军，所以爱憎分明、雷厉风行的她很早就参加了妇救会，还当上了村妇救会主任，全身心投入抗日工作。

此时的李杏阁已年近四十岁，她和青年妇女们一起站岗放哨，开会、做宣传，纺线、织布，做军装、军鞋。慰问部队时，她总会把熟鸡蛋塞进战士的挎包里，参加生产、帮助抗属干活也从不落后。有一次，她和十多个年轻妇女给贫困抗属拔麦子，腰酸腿疼也咬着牙不声不响地坚持干。一连拔了五天她始终打先锋，姑娘们打心眼里佩服她，推选她当组长、当模范。当听说部队要打仗的消息，李杏阁就加紧联系各户为战士们做军鞋、备粮食，只为八路军能多打几个胜仗。

1942 年，敌人大“扫荡”，环境更为残酷，抗日干部、战士和群众常遭敌人杀害，有群众为掩护抗日干部被日军折磨致死。李杏阁听说这些后异常悲愤，敌人的残暴没有让她胆怯和消沉，反而激起了她对敌抗争的斗志，她更加积极地带领妇女们展开抗日工作。

倾尽全力救护伤员

一次，李杏阁从村长处得知有重伤员需要养伤，村长很犹豫要不要将伤员安置在她家，因为一旦被日军发现非同小可，一家都会受到牵连，说不定还会连命都丢了。李杏阁却没有丝毫犹豫，她痛快地答应下来，而且明确表示不需要村里额外的贴补和帮助。因为是八路军带领老百姓过上好日子的，人不能忘本，自己心甘情愿照顾伤员，不用公家的东西。商量好后，伤员很快就被抬到了她家。

1942 年冬天的一个深夜，八路军将一位重伤员抬到了李杏阁家中。伤员是十六岁的小战士刘建国。他全身上下枪伤、刀伤共十二处，有的伤口处还露着骨头。他浑身是血，鲜血已经和棉衣冻在一起。痛苦不堪的刘建国奄奄一息。见此情景，李杏阁心如刀割，就像伤痛在自己身上一样。她极其小心地给小刘脱去血衣，用棉花蘸着温水轻轻擦拭伤口，忙了个通宵。医生当晚给伤员上了药，第二天小刘才从昏迷中醒来。李杏阁端来稀粥想用小勺喂他，却发现小刘脑后的一处刀伤使得他根本无法张口，只要一张嘴就疼得浑身打战。这可急

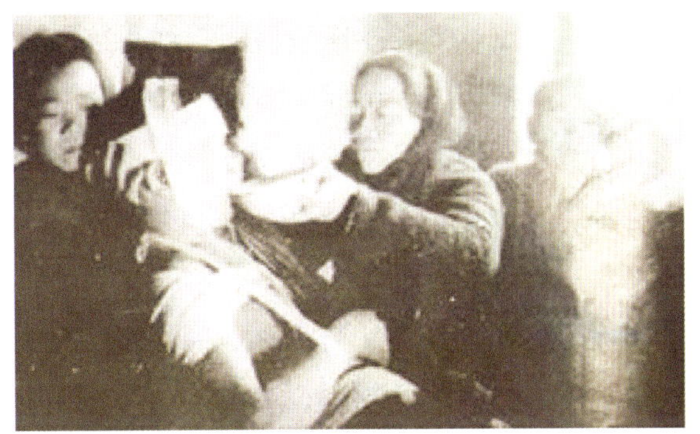

李杏阁正在照顾八路军伤员

坏了李杏阁，她突然想到办法，马上去找来一节苇子秆，让小刘嘬着喝，才解决了小刘的进食问题。之后，李杏阁每天都守护在小刘身边，一会儿听呼吸，一会儿摸胸口，一会儿检查伤口……从白天到夜晚，多少个不眠之夜就这样过去，小刘的伤也一天天好起来。

李杏阁的女儿刘敬影在后来接受媒体采访时曾回忆起这段往事。据她介绍，后来李杏阁专门在家里挖了两个秘密地洞，供八路军伤员隐蔽、疗伤。有一次日军来报子营村“扫荡”，几个日本士兵突然闯进李杏阁家，他们闻到了屋里的药味，逼着李杏阁交出八路军。李杏阁指着床上的小刘说:“这不是八路军，这是俺儿子。”她在日本士兵进门前在小刘头上、腿上裹上破烂棉花套子，假装小刘生了传染的疮，吓唬敌人。看到小刘脑袋上、腿上裹的破烂棉花套子后，日本士兵依然不相信李杏阁的话。他们气地哇哇叫，还用枪托在李杏阁身上猛戳起来。李杏阁始终咬紧牙关，坚决否认小刘是八路军。疯狂的日本士兵就拿刺刀朝她前胸刺去，李杏阁身子一歪，躲过致命一刀，但左肩被刺中，鲜血瞬间流出。之后，日本士兵听到集合号就撤回了。刘敬影说:“我娘肩上流血，我用棉花套子给她擦血。等日军走得没影了，藏在地洞里的八路军医生出来给我娘上的药。”

她家成了秘密战地医院

伤员不断增多，军医们来李杏阁家救治伤员的同时，也带来部分医疗器械和药品。李杏阁家成了八路军的一座秘密的地下医院，也是抗战时期著名的红色堡垒户之一。

伤员多了，药品和设备也多了，原来的地洞不够用，李杏阁就在屋里、猪圈、菜窖等隐蔽的地方挖了新的地洞。医护人员和轻伤员住在洞里，重伤员躺在炕上，一有情况，马上转移。战士小刘就是因为伤情太严重，不能转移到地洞里，李杏阁才冒着极大的风险在敌人面前称他为“儿子”，最终机智勇敢地躲过了敌人的抓捕，成功掩护了战士。

家里成了战地秘密医院后，李杏阁整天就是一个字——忙。她每天忙着为伤员处理伤口、换药、洗绷带，还为伤员端屎端尿，一天到晚端着便盆在洞里爬进爬出不知多少次。伤员不肯让她处理大小便，她就对战士说:“孩子，别不好意思，俺是你娘，你是俺儿，咱亲娘俩不讲细礼！”伤员感动得掉着眼泪说:“你比俺亲娘还亲啊！”

除了护理伤员，李杏阁每天都要做四五顿饭给大家吃，炕上的伤员、地洞里的伤员，全都要照顾到。伤情轻的就自己吃，重伤员就由她一口一口地喂。伤员吃不下饭时，她就想方设法为他们改善生活，自己吃糠咽菜，把节省下的粮食换鸡蛋，就为给

李杏阁给地洞里的伤员送水送饭

伤员增加营养。

李杏阁每天从地面到地洞上上下下地忙活，自己忙不过来，就让三个子女帮着打下手，或是在院子里负责警戒。李杏阁为伤员擦洗、换药、烧水、做饭、洗衣服，自己实在太困了就靠墙打个盹。然而，最关键的是要随时警惕敌人的抓捕，千方百计掩护抗日干部和伤病员们。在艰苦的环境下，她曾数次落入敌手，任凭敌人严刑拷打始终坚强不屈，保护了伤病员的安全。

学习专业救护知识

李杏阁真心实意照顾受伤的战士们，把他们当成是自己的孩子，想尽一切办法护理他们。

眼看着医护人员为救治伤员忙个不停，还要经常外出抢救伤员，到附近堡垒户家里给伤员看病，李杏阁就帮着给伤员换药。她细心观察医护人员处理伤口的每一个动作，默默记住数十种药品的名称、作用和用法。她学会了一些专业的护理技术，能够更为熟练地给伤员擦洗、换药、扎绷带。当时缺乏麻醉剂，她每次给伤员换药、洗伤口都非常小心，尽量减少伤员的痛苦。

听医生说“太阳光的紫外线能杀菌”，她就记在心里，每当风和日丽又没有敌情的时候，她就把伤员一个一个背出洞晒太阳。一两个小时后，或是有什么情况，再一个一个背回洞。她一个四十多岁的小脚妇女，背着比自己还重的伤员，在洞里爬上爬下，每次都累得气喘吁吁，可她从不放弃任何一次让伤员晒太阳的机会。她说：“能让伤员少受点罪，快点养好伤，俺再累也愿意。”整天照顾伤员的李杏阁也会生病。有一次她积劳成疾病倒了，心里却放不下伤员们。第二天，还很虚弱的李杏阁就扶着墙到洞里去照顾伤员。伤员们感动极了，说将来要让她过好日子。李杏阁笑着对他们说，自己为的是让受伤的战士们养好伤，早日上前线，打败日军，让大家都过上好日子。

一天又一天，伤员们今天来几个，明天来几个，伤情不同，需要治疗和休养的时日也不同，几十天、几个月，甚至更长时间。李杏阁就根据不同伤员的具体情况，精心护理着他们。据统计，在四百多天里，先后有七十三名轻、重伤员在李杏阁家养伤。包括刘建国在内的五名特重伤员，都是在人们以为没法抢救，甚至为他们备好了棺材的情况下，在李杏阁的悉心护理下又奇迹般地活下来，重返前线。就在这样日日夜夜、尽心尽力地照顾中，又在残酷的环境下一次次化险为夷的斗争中，伤员们和李杏阁结下了深厚的感情，并称她为“娘”。这起初是为了避免暴露，后来却是发自内心的称呼，伤员们把李杏阁当成最亲近的人。

“冀中子弟兵的母亲”

李杏阁的事迹很快就流传开来，当时冀中军民曾广为传颂一首歌谣：“冀中抗日战鼓响，报子营出了个李大娘。李大娘热心肠，爱护子弟兵名声扬。她对伤员胜亲人，伤员把她当亲娘。养好伤，返战场，冲锋杀敌添力量。”歌谣里唱的就是李杏阁。这首歌谣表达了冀中区子弟兵的心声，也是对李大娘深厚感情的真实写照。

李杏阁（中）被授予“冀中子弟兵的母亲”的光荣称号

在长期艰苦的抗日斗争中，李杏阁倾尽全力掩护和护理轻、重伤员。1944 年 11 月，冀中区党委和冀中军区在安平县报子营村为李杏阁召开了表彰大会，授予她“冀中子弟兵的母亲”的光荣称号。李杏阁胸前戴着光荣花，人们热烈地为她庆祝。鲜红的奖旗上“冀中子弟兵的母亲”八个大字在阳光的照耀下闪闪发光。不久，李杏阁光荣地加入了中国共产党。

1945 年，李杏阁参加晋察冀边区群英会时，认识了晋察冀边区“子弟兵的母亲”戎冠秀。两位“母亲”一见如故，亲如姐妹。五年后，她们又在北京相逢，一起参加了全国群英会，还有幸见到了人民的领袖毛泽东主席。

1964 年，六十三岁的李杏阁因病与世长辞，她的英雄形象永远留在冀中大地上。

（本文发表于 2016 年 11 月 5 日，选自《保定晚报》，原标题为“‘冀中子弟兵的母亲’李杏阁”，有删节）

大山深处的新四军医院

文／栗　萍　郝　光　胡瑜珊　马迎春

三角山医院旧址

在浉河区董家河镇的大山深处，几处旧院落在绿树掩映下显得格外古朴、静谧——这，就是抗战时期设在三角山村的新四军医院。

2015 年 7 月 23 日，大雨倾盆。当天上午，在浉河区委党史研究室主任廖家宽的陪同下，笔者一行沿着蜿蜒的山路来到了三角山村。

三角山医院由几排砖瓦结构的平房组成，是清末当地农民所建的民房，土砖黑瓦，每间房屋长五米、宽四米，建筑总面积约四千八百平方米。

“三角山医院所在的民居都是当年家境比较殷实的群众的房子。院部为地主的房子，院落很大，设计精巧，回廊、门窗、屋脊都有精美的砖雕、木雕和石雕装饰。最大的宅子有四进深，房子具有浓郁的豫南民居特色。”廖家宽告诉笔者。

清代民居可以用曲径通幽来形容。穿过一个又一个门，转过几道弯，笔者一行走进一家现在仍有人居住的民居：院子里种满了花花草草，爬上墙檐的绿藤繁茂葳蕤，紫红的小葡萄生机勃勃……古朴的院落散发着浓郁的自然气息，静谧、温馨。

走进房子里，只见一些陈旧的家具静静地摆放在那里，似乎在诉说着抗战岁月里的故事……

这家男主人名叫钱世坤，是民居第一任主人的第四代后人。他妻子说：“这房子在 1945 年曾是新四军的医院所在地，土改后被收走，由于是老祖宗留下的东西，我们觉得应该继承下去，所以，中华人民共和国成立后，我们钱家就又把这套房子买了回来。这么多年了，我们一直守在这里。”

“1945 年春，新四军第五师将医院从谭家河迁到三角山。院部设在娄子湾，病房设在前湾，分两个所，一所在钱家大湾为门诊部，二所在陈家湾、赵家湾为住院部，医务人员有五十多人。”关于三角山医院，廖家宽告诉笔者，“当时医院病房紧张，老百姓自发把房子腾出来给伤病员住，所以就形成了部队医院群。当年秋，医院迁走。也就是说，医院设在此有五个月左右的时间。”

走出钱世坤的房子，再往左拐，笔者一行走进一所大院子。这是一个四合院式的院落。据介绍，1945 年，这里是三角山医院的办公场所，病房都分布在附近各个民居里面。在这里，笔者见到了八十四岁的钱世政老人。1945 年，他只有十四岁。当年，他家也腾出一部分房间给部队医院使用。

说起新四军医院，钱老有点儿激动。他说：“这么多年过去了，我还清楚地记得，我家当时住的有孙院长、张医助、罗医助、卫医官，司药的负责人秦医生，还有司药员李广大。印象最深的还是李广大，他是湖北人，当时和我年龄差不多，我们是很好的伙伴。后来，医院迁走后，他还给我写过信呢！”

据钱老回忆，当年部队医院里的杯子上写有“黄陂”字样，好多医生和护士都是湖北人。“医院的医生和护士都很好，为了帮助伤员尽快康复，他们把有营养的东西全部给伤员留着，自己吃得很少，而且能将就就将就。孙院长还自己养羊，挤羊奶给伤员们喝。”提起往事，钱老不禁陷入了深深的回忆之中……

当年，他亲眼看到一个关节中了三颗子弹的营长，整条腿被锯掉，主刀医生是孙院长和卫医官。为了能让营长的伤口尽快愈合，医生们想方设法为他找来有营养的食物，精心照顾。“那时候，看着营长搂着自己被锯掉的腿紧紧不放，我们心里都不是滋味儿。”说这话时，钱老眼睛红红的。

当时在后方支持抗战的，不仅有三角山医院里的医生，更有三角山的村民。

“当时村子里还成立了妇救会，我的姑奶钱宗芳任会长，母亲陈德荣是会员之一，她们主要给部队做鞋子。由于经常行走于山间，战士们的鞋子很容易坏，能收到新的鞋子，他们非常高兴。”钱老说，“当时的赵家湾、钱家大湾、陈家湾、娄子湾都有病号，老百姓经常帮助医院杀猪，为病号补充营养。”

离开三角山医院前，廖家宽指着不远处的山路说：“大约再走十几分钟，前面就是新四军第五师的枪械修理站旧址，当时部队用坏的枪支都被送到那里集中修理。如今，那里已成为居民的住房。”

回去的路上，雨渐渐小了。随着车子的开动，三角山医院渐行渐远，而笔者脑海中三角山医院的故事却越来越清晰……

（本文发表于2015年8月2日，选自《信阳日报》）

红医的国际基因

文／周贤忠

白求恩国际和平医院旧址

白求恩国际和平医院，跟已改名为中国医科大学的中国工农红军卫生学校有很深的渊源，它曾经是中国医科大学的附属医院。

白求恩国际和平医院的前身是八路军军医院，1939 年 12 月 1 日因纪念病逝的白求恩而改名。1940 年，其院部从延安拐峁迁到延安柳树店，与中国医科大学同在一处，实现资源共享。医大学生有了实习医院，医院医生可兼职在医大上课，两家医院从此有了不可分割的联系。1940 年在医大进修、曾是红军卫校第二期学员的涂通今回忆说：“和平医院实际上成了医大的附属医院，主治医生以上的医务人员都担任了临床课的教授，还有多人承担了临床教学和实习指导。医院紧挨学校，学生上课、实习都非常方便。一般是上午上课，下午实习。”1943 年春，白求恩国际和平医院因发展需要，迁至与柳树店一河之隔的刘万家沟村。但它与中国医科大学的关系并没断，反而更亲密了。白求恩国际和平医院将原柳树店旧址改为第三部，正式成为中国医科大学的附属医院。而医大的毕业生有多人在白求恩国际和平医院工作，涂通今就是其中的一位。

两口井养医院

我们在中国医科大学旧址见到了一间复原的手术室。与我们在瑞金朱坊村中央红色医院见到的手术室比，它的手术器械已经大为改观：有了手术钳和各种药品，不像在朱坊村时还只是用锯来做截肢手术；房间采光也好了很多，这里有三个独立

的手术床，可以同时开展三台手术；还设有专门的 X 光室，军委总卫生部部长贺诚在云南扎西含泪丢掉的 X 光机在这里被换成了更大的。

如果说白求恩国际和平医院选址在柳树店是有中国医科大学在此的因素，那么选址刘万家沟则是因为两口井的存在。

我们跨过延河，行走约两公里来到一处坡地。爬了一段坡后，来到了一处青砖盖的房子前，这就是当年白求恩国际和平医院搬迁到刘万家沟村后的手术室旧址。它处于医院旧址的中心位置，周围的窑洞就是当年的病房和门诊室。一位国际友人在参观医院后说："延安白求恩国际和平医院并不是现代建筑，也没有精密仪器，许多病人是住在中国北方黄土高原上挖出来的窑洞里，一层一层的。一到晚上，每层窑洞透出的煤油灯灯光，在山腰里看起来，整座窑洞就像一座小型的摩天楼。伤病员是农民用担架抬着，像山羊一样攀高，从不平坦的小路上，进入拱形门的刷着白灰的窑洞病房。"

我们在村里找到了八十岁的刘凤鸣老人，当年他父亲曾在医院帮忙抬伤员，对医院的情况有所了解。老人的一只胳膊已经残疾，可是他坚持要带我们走走，给我们指指原来大门的位置，还带我们去看两口水井。老人说："当初医院之所以选址这里，是因为这里有两口水井，是天然的泉水，长年不断，可供上万人使用。听父亲讲，这里的井水非常神奇，可以疗伤。用水给伤员消炎后，伤口很快就能愈合。现在我们村有五六对双胞胎，可能也和这个水有关系。"

我们也喝了口这里的井水，确实很甜。

老人一边走一边向我们介绍："这个医院非常大，由七层窑洞组成，有两百多张病床。手术室旁边的窑洞是门诊，设有内、外、产妇、小儿、传染等科。上面一层窑洞，除了病房，还有一部分是外国专家组住的。"差不多绕了医院旧址半圈，老人已经汗津津的，于是我们把老人安全送回了家。

我们在延安市卫生和计划生育局提供的延安卫生史相关材料中看到，白求恩国际和平医院在延安期间共收治军队伤病员七千五百零五名，同时还坚持免费为群众治病。仅 1944 年 1 月至 6 月，就为群众出诊、门诊达一千零九十六人。

白求恩在拐峁

白求恩国际和平医院不光名字和白求恩有关，白求恩还曾到设在拐峁的军委直属卫生医疗所短暂工作过。1939 年 5 月，军委直属卫生医疗所扩建为八路军军医院；1939 年 12 月 1 日，八路军军医院改名为白求恩国际和平医院。

1938 年 3 月底，白求恩受国际援华委员会委托来到延安。他根据八路军卫生部的安排，到延安的医院参观。一到医院，他便投入抢救伤员的工作。一天夜里，忽然从延长县转来一批八路军伤员。院里的领导见白求恩已经入睡，就没有惊动他。但人们急促的脚步声很快把白求恩从梦中惊醒。他一骨碌爬起来，看了伤员的伤势，就立刻拿出手术器械忙开了。在伤员中，有一位战士的下肢中了枪，多数人主张做截肢手术，白求恩却一再阻止。他反复检查了这个伤员的伤情后宣布：不能截肢。只要有一点点希望，也得让他重新站起来。白求恩一干就是一个通宵，最后保住了这位战士受伤的那条腿。第二天，白求恩也没有休息，草草吃了一点小米饭后，便开始给别的伤员换药、包扎伤口。1938 年 5 月 3 日，白求恩带着他从国外运来的医疗器械和药品，奔赴抗日前线晋察冀边区。1939 年 11 月 12 日，白求恩救治八路军伤员时不幸感染，病逝于河北省唐县黄石口村。

红军卫校从建校之初就提出了要培养“政治坚定、技术优良的红色医生”的目标。白求恩曾在晋察冀边区“八路军第一模范医院”开业的致辞中对“技术”有如此阐述：

为什么我们一定要学习好技术呢？因为在医药和外科上的好技术可以更快地医好病人，少有些痛苦，少有些不安，少有些死亡，少有些疾病，少有些残废。这一切事情都是我们的任务。当在前线上打仗的同志问我们：“在抗日战争中你做些什么事呢？”我们只有一个理由可说，只有一种推托，我们的回答是：“我们医救伤兵，治疗病人。”他们可以说：“你做得好吗？”我们要回答：“尽我们所知道的去做啊！”

在英国医院里有句老话说：“一个医生必须有狮子的心肠、妇人的手。”这就是说医生一定要勇敢大胆、健壮、敏捷而坚定，然而却也要温和、仁慈、细心。这个可以适用于每一个医生、看护、事务员，当他去处理病人或伤员的时候要时时想着病人，要时时问自己：“我能帮助他们更多一点吗？”要想方设法使你的工作进步，更好地运用你的技术。

白求恩对“技术”的理解，包含着“医者父母心”的意思，我们今天读来依然受用，对医务工作者应有所借鉴。

毛主席看望伤员

医院搬到刘万家沟村后，毛主席常到医院看望伤病员。警卫员贺清华提到过一次毛主席去医院看望伤员的情形：

我们的野战医院在延安城东约四十里的一个村庄里。一天，从黄河东岸转来一位伤员。子弹打在他的胸部，伤势很重。在当时极端困难的环境下，医生们虽然用尽了一切办法，但是，伤员的生命看来还是很难挽救。伤员时常处在昏迷状态。他不时张开嘴唇，吃力地、微弱地呼唤着“毛主席，毛主席……”，像有一桩重大的

心愿未了。这是怎么回事呢？当他偶然清醒的时候，医生们才弄清楚，原来他参加革命几年，从来没有见过毛主席。他多么渴望能见到亲爱的毛主席，现在哪怕见一面，看一眼也好啊！

医院给主席打了电话，主席当即决定到医院去探望伤员。主席草草吃了几口饭，就带着王能坤和我出发了。主席平时的习惯，在城里是不骑马的，总是出了城才骑上，而且走得很平稳。这次一出门，主席就跨上了小黄马。出了东城门，过了延河，就上了平坦的东关飞机场大道。主席迎着刺骨的寒风，放马奔跑起来。不一会儿，便到达医院。这时，小黄马已跑得浑身淌汗，气喘吁吁了。主席走进医院，同志们感到十分意外，忙招呼主席休息，并报告伤员的伤势和抢救的过程。主席没有休息，连口水都没有喝，说道："赶快看看他吧！"于是，医生们陪着主席进了沟口，向山坡的病房走去。

窑洞里，伤员闭着眼睛，平静地躺在床上。主席在门口停了一下，示意大家不要惊动伤员，然后轻轻地走到床边。这时，有一个小护士抑制不住内心的激动，兴奋地对伤员说："同志，你不是想看看毛主席吗？毛主席来了！"

伤员猛地睁开眼睛，看到主席魁梧的身体就站在他身旁。他用尽力气，想坐起来，主席连忙弯下身去，轻轻地扶着他，要他安静地躺着。伤员伸出双手，紧紧握住主席的手，两眼激动地望着主席亲切慈祥的脸庞，脸上浮现着幸福的笑容。不久，他无力地垂下双手，缓慢地合上眼皮，停止了呼吸。

"同志，安息吧！"被悲痛笼罩着的寂静窑洞里，回荡着毛主席洪亮、坚强的声音，"你是我们党的好同志，我们永远不会忘记你。"

我们在延安革命纪念馆的展览大厅里，见到了毛主席转战陕北时骑过的小青马。虽然不是那匹小黄马，但我还是依稀看到了它曾驮着主人走进医院……

外国专家援华

白求恩国际和平医院吸引了许多外国专家和救护队在此工作，如美国医生马海德、朝鲜医生方禹墉，以及英国的公谊救护队等。

刘凤鸣老人告诉我们，二十世纪六十年代，他和父亲刘宝善还曾接待过回旧址参观的马海德夫妇，他们合影的照片现在还摆放在老人家的桌子上。马海德是美国医生，在白求恩国际和平医院工作期间，马海德表现出色，《解放日报》为此专题刊文报道，号召所有卫生工作者向他学习。只要有人寻他看病，不管刮风下雨、白天黑夜，他便立刻骑马出诊。有一天夜里，一位孕妇忽然昏倒在山坡上，马海德闻讯立即赶去并亲自把她送到医院。经过精心治疗，孕妇转危为安，顺利生下一个可爱的孩子。马海德在中华人民共和国成立时加入中国国籍，卫生部曾授予他"新中

马海德夫妇与苏联医生阿洛夫（左一）在延安

国卫生事业的先驱”荣誉称号。

在这所医院，还有一位受人爱戴的医生，他是朝鲜人方禹墉。他于1939年到延安八路军军医院任内科主任，1943年改任传染科主任。他对伤病员关心体贴，住院或门诊的病人，无论什么时间找他看病治疗或写信要求指导，他从不拒绝，都给予及时、妥善的处理。1943年，医院的同志们为这位朝鲜医生庆祝五十寿辰，毛泽东写来“岁寒然后知松柏之后凋”的贺词条幅。

我们在延安革命纪念馆看到，有一个专门的版块来介绍外国援华医生和医疗队的工作情况。延安新闻纪念馆副馆长艾丹告诉我们，就在我们来白求恩国际和平医院旧址采访的前三天，英国公谊救护队一名医生的后代大卫也来旧址参观访问。公谊救护队一行六人于1946年12月2日抵达延安白求恩国际和平医院。到了医院后，他们每天都忙碌在抢救第一线。除了援华医生马海德，米勒、傅莱等也先后加入中国国籍，把自己的一生献给了中国人民。

（本文发表于2016年10月14日，选自《沈阳日报》，有删节）

陈海峰：在“山洞医院”坚持救治伤员

口述／陈海峰　整理／张　鹏

陈海峰，出生于1912年8月4日，江苏江阴前周乡东篁村人。1939年8月毕业于新四军军医处第二期公共卫生人员训练班；1939年至1941年12月历任三支队军医处卫生巡视员、五团二营卫生指导员、五团卫生队队长、新四军一师二旅五团卫生队队长、皖南新四军前方医院外科病室副室长；1940年12月6日加入共产党；1942年任新四军苏中卫生学校教务主任；1943年任一师老一团卫生队队长；1945年任苏浙军区卫生部医政科科长兼野战医院院长等职；1946年任华中军区第一后方医院院长；1948年8月任华东军区第一重伤医院院长；1949年8月任福州卫生局局长；1982年任卫生部咨询委员会委员；2013年6月17日去世。

陈海峰是新四军的一名军医，在激烈的皖南繁昌战斗中，山中有老虎等猛兽出没，山外有日军围追堵截，卫生队的医生们带着近百名伤员，在深山密林中，一边打游击一边治疗，建起了“山洞医院”。在艰苦危险的环境中，救治了大批伤员，使他们重返抗日前线。

说起自己工作过的新四军医院，受访时仍健在的陈海峰非常自豪。当时，美国著名的战地记者史沫特莱曾在医院和他们一起工作过一段时间，还和他分在一个小组负责抬伤员。这位记者娴熟的包扎技术和急救常识令陈海峰非常钦佩。“史沫特莱多次表扬我们，她说新四军的医院是她在抗战中所看到的军队医院里最标准、最好的。”

陈海峰解释说，新四军医院得天独厚的一个优势是有很多专业医护人员。例如医院里很多医生是上海医科大学毕业的，东北来的几位医生是辽宁医学院毕业的，还有湘雅医学院毕业的，等等。他印象深刻的还有一位新四军军医处处长懂四国语言，是协和医科大学的研究生。所以说，新四军医院的很多护士、护士长、护理部主任和医生，甚至军医处的医务主任、科长，都来自名牌大学，业务素质非常高。

作为卫生员，陈海峰的第一个任务就是给伤员扎止血带，还要在担架上面做记号，扎一个红布条或者白布条。“后方医院的医生看到红布条，就知道伤员重伤流血，有生命危险，要快点进手术室；扎白布条的，表示我们简单处理过了，不是那么紧急。这样可以保证重伤员进手术室不耽误时间，分秒必争。”

1940年5月，皖南繁昌战斗时，来了一万五千多名日本士兵，而且是步兵、骑兵、炮兵、空军配合，差不多城市和乡镇、大的村庄都被日军占领了。新四军的医院大都分散隐蔽起来。陈海峰所在的卫生队带着八九十名伤员进入了深山老林。他们在山里发现了一个废弃的破庙，就把伤员暂时安置在庙里。可是，敌人在山里“扫荡”，随时会发现这个小庙，到时候重伤员来不及转移怎么办呢？他们发现远处的山顶上有一个洞，他们给它起名叫“月亮洞”。这个大洞底下还有好多个小洞，他们决定把伤势比较重的伤员隐藏到山洞里，“山洞医院”就这样建起来了。

隐蔽在山洞里，虽然可以躲过日军，但山中猛兽也威胁着他们的生命。晚上他们就把洞门口用石头垒起来。“月亮出来的时候，老虎就下山了。一路‘嗷嗷嗷’叫，山都震了，不止一只老虎，还有豹子。”其他人晚上睡在小庙里，而卫生员还要冒着危险爬到山上去给重伤员换药、送饭。

最危险的一次，他们的行踪被日军发现了。日军把整片山都包围起来，从山底下点火烧。山上到处都是竹林，火整整烧了一天，满耳都是“哗哗哗”的树叶烧着的声音。就是在这样危急的情况下，医护人员还是在山洞中坚持照顾伤员，并用仅有的几支枪和敌人周旋，最终敌人无功而返。

就这样，“山洞医院”一直坚持到繁昌战斗结束。陈海峰和卫生队的医护人员把伤势比较重的伤员转到三支队医院去，伤势比较轻的战士已经基本康复，后来他们归队奔赴前线，继续抗战。

（本文发表于2015年8月31日，选自北京晚报—北晚新视觉网）

八旬老护士长延安寻访中央医院

文／潘　京

在抗战当中，位于延安的中央医院先后收治病人一万两千零七十七人，把三千八百四十三名婴儿平安带到人间。如今，那些曾经在中央医院工作或出生，现在已经白发斑斑的老人又重新回到故地，寻找那份久远的记忆。

2012 年 2 月 29 日下午，延安大学的窑洞宾馆里，住进了几位从北京来的老人，他们是八十八岁的原中央医院传染科护士长骆行；现年七十岁、在中央医院出生的胡木英，以及同年在中央医院出生的石新民、丁维平和金星。他们此行是要去李家洼村的中央医院旧址看一看，看看那里的山、那里的水、那里的窑洞和乡亲们。

中央医院是中国共产党 1939 年 11 月 7 日在延安组建的一家综合性医院，医院设在距离延安市区十多公里的庄桥镇李家洼村。医院设立初期，仅有几十孔窑洞和残缺不全的医疗设备。

四十多孔窑洞组成的医院

3 月 1 日上午，瑞雪飘飘，见到骆行一行回来，李家洼村的中央医院旧址前，人头攒动，村民们来到老人身旁，不住地问长问短。

窑洞还在，周围的乡亲还在。村民张凤莲拉着骆行老人的手，激动地说：“当年是你们把我带到这个世界上来的啊！”骆老笑着说：“那时候条件差，真不比现在。”1944 年，张凤莲在中央医院的一孔窑洞里出生。

在中央医院出生的李家洼村村民张凤莲与张凤怀一见到骆行（中）激动不已

在中共中央核心机关及红军总部到达延安后的第二年，受中共中央指派，陕甘宁边区医院院长傅连暲、外科大夫何穆一起筹划组建中央医院。傅连暲是一位医术精湛的医生，早年曾开过一家医院，为加入红军，不惜卖掉医院投身革命。而何穆当时刚从干部训练班调到边区医院，这位肄业于上海高级护士学校的医务工作者，具有很好的医学护理知识。

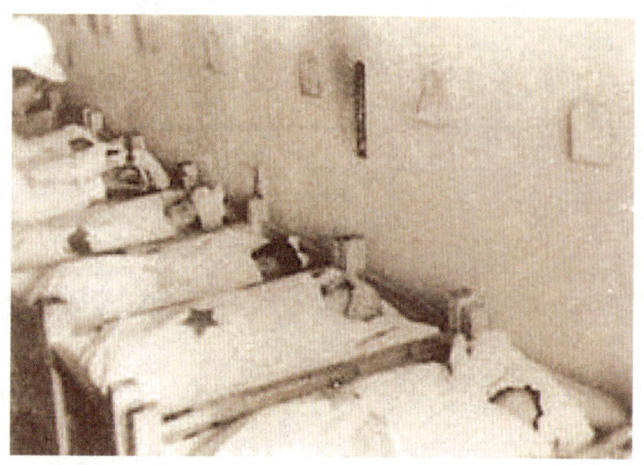

中央医院的婴儿室

为了给中央医院选址，两个人走访了延安很多地方，最后选定了中央政治局、陕北公学与中央保育院之间的李家洼村一处向阳的山坡。经过十多名窑工数月的紧张施工，到1939年11月7日正式开办时，医院有了四十多孔窑洞、一百多张床位。之后，医院开始用各种办法吸纳人才，一些曾经学过医的同志被抽调到医院。

“我父亲（金茂岳）原是南京红十字会的成员。1938年，他们一行来到西安，准备为抗战做些工作，不料却遭到当地医院的拒绝。但当时八路军办事处的一位主任得知他们到了西安后，专程到住处看望他们，父亲听说共产党人正在前线抗日，就决定去延安工作。”金茂岳的女儿金苗老人说。

骆行是当时延安中央医院里年龄较小的护士，当时只有十六岁。在没有来延安前，她就在渭南固市中学参加革命活动。1939年，她接到省委指示要她前往延安的中央医院工作，开始她还曾有点情绪。“我当时一心想着拿枪上前线，并不想学医，可是又必须服从组织的安排，就去了延安。”骆行老人说。当时，通过国民党设在耀县（今耀州区）的哨卡时，曾惊出一身冷汗。“我身上揣着省委的文件，幸亏个子小又瘦，国民党兵拍了拍我，就放过去了。”

护士每天都要磨手术刀

“那时候的医院，要什么没什么，打铃计时，是用的一块两尺长的铁轨。”骆行老人回忆道。她记得，医院注射器只有大小各一个，输液、输血用五十毫升注射器推入，针头钝了就磨锐了再用；每个科室只有一支体温计，一个病人查过后就要立即消毒，接着给下一个患者用。

据骆行老人回忆，那时医院没有消毒设施，只能通过蒸煮的办法来消毒，而消毒的工具就是农家用的蒸笼。没有专用的便盆，医护人员就参照大城市医院的布鞋

式便盆的样子，画了样儿，找铁匠用白洋铁皮加工制作，但铁皮做的便盆较轻，没办法，又给便盆的把手位置填上了木头。

“手术用的刀都是长柄的，仅有的几把，只好反复消毒使用，护士每天都要磨刀，直到刀被磨得很短了，没法用了，才扔掉。”骆行老人说，“医生手术时戴过的橡皮手套也舍不得用完就扔掉，经过冲洗消毒后，补好接着用。就是多次修补过的旧橡皮手套，也还不忍扔掉，由主刀的医生下放给手术助手接着用，等连助手也无法戴了，再下放给妇产科用来作内诊检查或产房接生用。医院用的绷带都需要经常洗，可山上没水，一年四季不管多冷多热都要到延河边去洗，没有肥皂，就用草木灰，也照样把绷带洗得干干净净。”

面对国民党的经济封锁，条件简陋的中央医院不仅缺少各种医疗设备，甚至连手术缝合用的丝线也很短缺。没办法，医院只好把买来的棉线通过脱脂消毒后代用。没有正规的热水袋、灌肠器、洗阴器，医院就参照大医院的样式，找工匠用白铁皮土法制作，就连手术室的洗手桶，也是用几根绳子和铁丝自己设计制作的。“上面一个桶，手术前要洗手，就用脚踩踩下面连着桶的木板，一踩，水就流出来，一松开时，通的阀门关上，就不流了。”

延河边开田种菜改善伙食

即便是在这样一种情形下，中央医院的规模还是壮大了，从最初的八层，一百零二孔窑洞，一百七十二张床位，慢慢发展到了山上山下十四层参差不齐的窑洞，四百多张病床。一到夜里，每个窗口都有一盏油灯闪亮，远看去，就好像今天城市里高大的楼群。

“为了防范敌机空袭，每个病区都有很大的防空洞相连，后沟有泉水供全院使用，洗澡房设在泉水边，而太平间则安置在沟内较远的地方。”骆行老人回忆。在医院的工作生活是非常紧张的，每天工作六小时，学习四小时。没有钢笔水，就在锅底刮点黑灰自制，没有笔就在木棍上绑个钢笔尖。上课的时候只能用桦树皮和粗黄纸做的笔记本做记录。

讲课的老师都是院里的医生，有基础课，有临床课，还有实习，护士的课程更完备。而且，医院规定，开医嘱、登记药名全部用英文，一些从来没有接触过英文的护士，只好一个字母一个字母地抄在病历上，“但即便这样，也从来没有出现过错误”。

那时医院也没有血库，如果病人需要输血，医生护士都会争着报名；没有药品，一方面由战士们冒着生命危险从敌占区搞来小批西药，一方面由医护人员上山采草药自配。

“生活是很苦的，顿顿黄小米饭，盐水煮土豆，汤都是黑色的，每人大半碗，从来不换样。”石新民说，土豆冻了以后，一煮都是黑色。后来，中央医院组织员工在延河岸边开辟了一片地，种起了卷心菜、西红柿、黄瓜、茄子，有了各种蔬菜，大家碗里的花样就多了。

“别看那时候苦，快乐并不少。”骆行老人深情地说。医院门外大约三四百米就是哗啦啦的延河，每天下班，她和同事们都去河边散步、唱歌，夏天还能游泳。“虽然衣服不合体、不华丽，军鞋的带儿也是用麻绳凑合，但青春在我们眼里，却是幸福和快乐的。”

炭火下为病人手术

七十年来，石新民老人还是头一次回中央医院。1941 年，他和胡木英、金星、丁维平都是在医院的窑洞里出生的。

“我父亲有三个本子，上面记着每一个孩子的身高、重量、出生日期、住址，以及他们的父母。”金星回忆说。

如今，整个向阳坡的山上，依然保留着当年医院窑洞的原貌。胡木英老人小时候曾患过肺炎，就住在医院的窑洞里，现在那个窑洞还在，只是多了些岁月的沧桑。骆行老人所在的传染科位于山下。如今，当年用来麻醉的两孔苍老的窑洞已经废弃。

据有关资料，前后八年中，中央医院妇产科接生的孩子有三千八百多个，其中有毛泽东的女儿李讷，林彪的女儿林豆豆，陈云的女儿陈伟力、儿子陈元，萧劲光的女儿萧凯等。

石新民的父亲石济时在 1941 年 9 月至 1944 年 5 月间任中央医院总务处处长。对于中央医院，他和丁维平印象最深的都是医院的骡马厩。“山下医院的右手边，有一个骡马厩，里面有很多马、骡子和驴，大概有几十头吧！”

当时没有汽车，这些骡马厩里的牲口就成了中央医院最重要的运输工具，无论是向山上送水，还是医生外出应诊，都是靠着这些骡马和毛驴。据说，这个创意还是来自白求恩大夫。他曾吸取在西班牙战地医疗队工作的经验，自制过一个马鞍手术箱，箱子里装上手术用的各种器械设备，说走就走，用起来很方便。所以，中央医院的医生也模仿做了一个，他们把医疗器械分门别类地放好，一旦需要，赶起骡子就能出发。

骡马固然能提供工作上的便利，但更多的便利，却是医院工作人员用救死扶伤的人道主义精神创造出来的。在冬天做手术，窑洞里室温非常低，为了提高手术室的温度，医护人员想到了地坑烧煤采暖的办法。通常，手术的前一天晚上就要生

火，烧煤烧一夜，到第二天做手术的时候，才能达到病人所需要的温度。当遇到急需手术的病人时，医护人员就会迅速烧好五六盆炭火，等没有烟后，端入手术室内。这样，在炭火的温暖下，医生便可以进行手术了。

弹指一挥间，七十年过去了，曾经的中央医院已成为今天的第四军医大学唐都医院。故地重游，往日的岁月依然像昨日一般熠熠生辉。

资料链接

延安中央医院筹建于1939年4月，医院先后设有内科、外科、妇产科、结核科、小儿科、传染科、药剂室、检验室、X光室、手术室和护理部等科室，是当时延安科室基本配套、设备较为齐全的医疗中心之一。1947年2月，改编为陕甘宁晋绥联防军第一后方医院。1947年3月，隶属陕甘宁晋绥联防军领导，称“陕甘宁晋绥联防军第一后方医院”。1949年2月，更名为西北军区第一后方医院。同年6月29日进驻西安。1958年9月，被命名为第四军医大学第二附属医院。1985年8月，对外称“唐都医院”。

（本文发表于2012年3月8日，选自《华商报》）

八路军第一一五师野战医院一所诞生旧址：洪洞马牧村

文／胡　萍

山西省洪洞县辛村乡马一村（原名马牧村，1984 年改为现名）保存有两座特殊的院落。1937 年 11 月，八路军第一一五师野战医院一所在此诞生。这所医院系中国人民解放军第八十九医院前身。据现房东张安平介绍，为编写院史，第八十九医院于 2002 年和 2007 年，先后两次派专人前来调查。2009 年第三次全国文物普查时，洪洞县文物普查队将这两座院落作为“重要历史事件和重要机构旧址”文物保护地点予以登记，登记名称为“马一村第一一五师野战医院旧址”。旧址现存东西两院，总体布局坐北面南，占地面积 857.9 平方米。西院存西房一栋，面宽三间，建于清乾隆三十一年（1766 年）；东院存大门一座、北房一栋，建于 1919 年。

1937 年 7 月卢沟桥事变后，抗日战争全面爆发。8 月 2 日，中共中央在陕北洛川召开了政治局扩大会议，决定在敌人后方放手发动独立自主的游击战争，开辟敌后战场，建立抗日根据地。8 月 25 日，根据国共两党达成的协议，中共中央军事委员会发布命令，将红军主力改编为国民革命军第八路军，将红军前敌指挥部改编为第八路军总指挥部（简称“八路军总部”）。总部下辖三个主力师，即第一一五师、第一二〇师和第一二九师。9 月 6 日，朱德、彭德怀、任弼时、左权率领八路军总部从云阳镇出发，9 月 15 日，八路

第一一五师野战医院一所诞生旧址西院西房。1937 年 11 月，八路军第一一五师野战医院一所在此成立

军总部东渡黄河，进入山西。

第一一五师野战医院一所诞生旧址东院北房，第一一五师军医处医训队在此驻扎

8月22日和25日，八路军第一一五师奉命分两批由陕西三原县出发，经韩城县（今韩城市）芝川镇东渡黄河，向晋东北抗日前线挺进。9月25日，在平型关东北设伏，歼日军第五师团第二十一旅团一部一千余人。这一胜利，打击了日军的进攻锐气，提高了八路军的声威。平型关战役后，第一一五师根据中共中央军委和八路军总部关于分散转入日军侧翼及其后方开展游击战争，建立抗日根据地的指示精神，由罗荣桓等率第三四三旅随总部南下到正太铁路阳泉至寿阳段两侧地区作战；聂荣臻率师独立团、骑兵营等共约两千人，留在五台山地区，创建晋察冀抗日根据地。

1937年11月，第一一五师师部率第三四三旅随八路军总部移至晋南洪洞、襄垣、屯留地区，发动群众，扩充兵员。同时，第一一五师野战医院一所在洪洞马牧村成立，地点位于马牧村北部。

八路军总部于1937年11月21日抵达洪洞县，先后在苏堡、万安镇韩家庄、高公和马牧等村驻扎三个多月，长达九十二天。八路军总部驻地位于马牧村中（现为马二村）。第一一五师野战医院一所旧址距马牧村八路军总部旧址不足一公里。

1938年2月，朱德总司令和彭德怀副总司令率八路军总部从马牧村出发，向太行山推进。1939年春，第一一五师东进山东，秋天挺进鲁南山区建立抗日根据地，一所随部同时转移。

第一一五师野战医院一所在中国共产党的正确领导下，紧紧依靠人民群众，医治战伤，为军民健康服务，作出了突出贡献。从抗日战争到解放战争，从平型关到鲁中南，医院在八路军第一一五师和华东野战军编成，历经战役战斗数百次，救治伤病员数万名，为夺取全国胜利立下了战功。

（本文发表于2015年4月25日，选自《三晋都市报》）

桃树坪的八路军医院

文／王宁夫

桃树坪、浆水镇、将军墓……每当父亲提到这些地名时，眼睛里总是闪现出晶莹的泪花。多年以后，直到参观了抗日军政大学陈列馆，我才深深地感悟到这些地名在父亲的一生中有多么的重要。

邢台县（今邢台市）路罗镇桃树坪村位于莽苍的太行山环抱中，距著名的八路军抗大圣地浆水镇仅一山之隔。抗日战争时期，这里既是太行山根据地的前沿，距离日军冀南大本营邢台县城只有五十公里，同时又是冀南战场的后方，背靠着太行山密林、峡谷、溪流和洞穴，到处是秘密的宿营地。

浆水镇是一处被崇山峻岭和悬崖峭壁自然围成的高山盆地，其南面、西面和北面形成一圈高耸入云的天然城墙，具有建立根据地的天然优势：攻，可自由进出太行山，到冀南平原打击日军；退，可翻越陡坡峭壁回到太行山深处。抗战时期，这里的群众抗日热情高涨，几乎家家户户都有人参加八路军。1938 年，八路军第一二九师的随营学校曾驻扎在浆水镇的前南峪。早期在随营学校里学习培训的学员几乎都是身经百战、智勇双全的红军战士或军官，开赴前线时又称为“青年纵队”，常打胜仗。

第一二九师随营学校的医院，又称“青年纵队医院”（简称“青纵医院”），就设在桃树坪村。1940 年底抗大总校搬到浆水镇后，青纵医院与抗大总校医院合并，继续驻扎在桃树坪村。然而，当地的老百姓仍然喜欢“八路军青纵医院”这个名字。

自从建立浆水红色根据地，日军每年都对浆水进行几次大“扫荡”。遇到日军“扫荡”时，医院就提前转移到桃树坪附近的几个山沟里。这些山沟错落在山峦之间，地势险峻，易守难攻，其中尤以芦沟最隐蔽、最险峻，也最安全。

1942 年 6 月，随着五万日军大“扫荡”的包围圈日趋缩小，青纵医院不得不转

移到距桃树坪2.5公里外的芦沟。经历过多次反“扫荡”，医院的转移和撤退有条不紊，即使日军已经占领了桃树坪村，甚至四周枪炮声震耳欲聋，八路军的医生和护士们仍然在芦沟的石洞里紧张地做手术。他们的口号是：“石板当床，石洞当房，避雨避风又避寒。坚持再坚持，打败日本帝国主义。”至今，在桃树坪村的旧墙上还可以看到当年留下的标语。

芦沟里到处是石窟，最大的山洞叫“老虎洞”，能容纳近百名伤员。可是伤员太多了，即使再有几个老虎洞也不够用。于是，一些能动的重伤员被安置在山崖下的石窟里，轻伤员被安置在山坡的石板上。一旦日军进攻芦沟，他们可以立即随医护人员徒步撤到深山老林里。

不幸的是，由于汉奸的告密，日军发现青纵医院藏在芦沟，发动了突然袭击。芦沟被炸，医院被毁，来不及转移的伤员和医护人员都牺牲在芦沟里。一位红军女医生为了掩护伤员撤退，也不幸牺牲在芦沟里。

桃树坪村的老百姓在帮助医院把重伤员运上山，隐藏在老虎洞之后，为了引开敌人，分头向老虎洞相反方向的大寨山、二寨山、三寨山爬去。十几个躲在大寨山里的老百姓被日军逼到山顶，他们束手无策但宁死也不肯说出八路军伤员的藏身之处，最后全被日本士兵残忍地推下悬崖活活摔死。日军在芦沟里四处搜索，找到几处隐蔽性差的小洞和石窟，就把八路军伤员从山洞里拽出来直接扔到悬崖下面。

幸运的是，虽然敌人连续搜山几个星期，几次在老虎洞附近诈喊诈叫、鸣枪示威，但始终没有发现悬崖边的一条一尺宽、杂草丛生、通往老虎洞的石板小路。而洞内，在昏暗的油灯下，手术一刻未停，医护人员从未停止抢救伤员。

我父亲王桥春是威县人，1937年参加八路军，当年在桃树坪八路军青纵医院当看护长，亲身经历了这场“扫荡”。2016年4月，桃树坪村老村长赵张清带着我和哥哥王立夫、石家庄的田春雷先生，沿着当年八路军走过的小路爬上芦沟的山坡。芦沟的风景简直太美了，山水不逊江南，风光秀丽如画，如同天堂、仙境一般。茂密的山林，环抱相拥；潺潺的溪水，惜惜相依；奇峰如瑰云中穿立，石山峻岭延绵迭起；悬崖陡峭，松柏坚挺；石柱擎天，直耸云霄。

前些年，时常有老红军、老八路回到桃树坪，重返芦沟。慢慢地，回来的人少了下来。现在，每年只有艺校的老师定期带领学生们光顾此地，写生作画。老村长指着沟底告诉我，那位不知名的女红军烈士的遗骨就埋在山沟里一块巨石的后面，十年前，曾经有位老革命到此看望过她。

七十多年过去了，这里的山林依然如故，山沟寂静如初，没有民房，没有炊烟，没有电线。溪水依然清澈，石缝中涌出的山泉清爽甘甜；石头垒砌的病房依然挺立在山坡上，被炸毁的石屋遗址断壁残存；平坦的石板依然横七竖八静卧在沟底，可伤员洒下的鲜血早已不见踪迹；当年运送伤员的小路依然是进山的唯一通道，骄傲地引领我们踏着前辈的足迹走进山里；小路两边苍老的果树依然开花结果，让后人分享着幸福的果实；曾经阻击过敌人的一块方形巨石依然静静地守候在小路旁，静静地等待着勇士们的胜利归来。

芦沟，即使许多在此浴血奋战过的勇士还记得这个地方，却叫不出这条沟的名字；芦沟，如同一处风残寂寞的世外桃源，野花飘落，野果坠地；芦沟，是一处没有碑坟的烈士陵园。

站在八路军医院旧址的断墙前，赵张清感慨地说："抗战胜利七十多年了，我们尽最大努力把这些残墙碎瓦保存下来。"

听了老村长的话，我的心在颤抖。桃树坪的八路军医院，应该被清晰地记载在中国抗日战争的历史上，让后人世代铭记。

（本文发表于2016年10月5日，选自《邢台日报》）

探访乔家门后方医院原址

文／戴　蓉

据《镇江市志》记载，九一八事变后的抗日救亡活动中，中央军委在镇江设立轻、重伤兵医院各一所及一所临时伤兵收容所，镇江选派五百名壮丁组成担架队，抬运伤兵。城乡妇女经过短期培训，承担护理工作，公私医院的医师全部投入抢救伤员，前后共收容、治疗伤兵约两万一千人。

家住乔家门的居民乔国和从父辈们的口中了解到，1937年抗战全面爆发后，原来的乔家祠堂就成了战时的后方医院，收住在上海八一三淞沪会战中受伤的士兵，而且还是重伤士兵。

近日，笔者在乔国和的陪同下，再次来到了后方医院的原址，沿着医生护士走过的石板路，寻访抗战全面爆发当年留在这里的伤痕记忆。

村民记忆中的“后方重伤医院”

“淞沪会战打响之后，伤兵日益增多，需要扩容战后医院，考察地点有两处：乔家门与西斛，最后确定在乔家门的乔家祠堂设立战后医院。应该是因为乔家祠堂的面积大，房子有好几进，然后就是靠近铁路，方便伤员运送。”

“当年伤员运过来的时候，都是附近的村民去抬回来，也有汽车一车一车送过来。”

“乔家祠堂再大，也住不下不停涌入的伤员，后来附近的蒋家祠堂和其他地方也陆续转移了很多伤员。”

后方医院旧址

乔家门当时有一个二十岁左右的小伙子，绰号“大狮子”，就负责每天将饭菜从医院的食堂运送到其他收住伤员的地方。医院门口有一家豆腐店，每天都给医院供应豆腐和豆浆。乔国和家对面住着的一位老人曾经是屠夫，他回忆起当时父亲就曾经每天给医院送猪。

“乔家祠堂的东边有一个上下塘，西南方向有一个大塘，门口的豆腐店前面有一口老井，当年医院的用水就来自这几个地方。”这两个水塘，现在依旧能够看到，只是水已经不再清澈，老井因为修路被填，从路面上只能看到一个井口的形状，井口部分被铁皮盖了起来。

今年九十二岁的乔显鑫是乔国和的父亲，当年也就十三四岁。每天他和村民都会到医院的门口等待外面的汽车——汽车来了就有报纸看，通过报纸，他们能够了解到最新战况。

乔国和的母亲说起医院非常感慨，当时村子里每天都能听到“伤员们哭喊的声音，整日整夜都不得息”，“太惨了，都是重伤员，腿断了的，胳膊断了的，肚子开花的……疼得不停地喊”。

八十五岁的乔益汉当年也才七岁，跟着村里的木匠去过一次伤兵医院，看到那些伤员的惨状，“要吓死了”，几十年后回忆起来仍旧心有余悸。乔益汉家在乔家门老街边上，门口正对着的小巷顶头就是乔培恒家的老房子——二层的小木楼，当时女医生和护士就居住在这里，小时候的乔培恒对于她们敲核桃吃的声音记得非常清楚。而男医生住的是另外一家小楼，因为乔家门路修建被拆。儿时的乔益汉每天都能看到医生护士沿着石板路从医院到宿舍，每到饭点，还有人专门到医院给那些住在宿舍的医生们送饭菜。

大官山、小官山地名保留至今

那些被送到医院救治的重伤员，有些经过治疗情况好转的，就被转到了附近村民的家中休养；不幸牺牲的，就被埋葬在了大官山和小官山。虽然现在山上的坟茔已经没有，甚至山体都不见了，但是这两处地名依旧保留着。“当时的大官山埋的是有官衔的，小官山埋的是普通士兵。”当地的村民口耳相传。

伤员牺牲后就被装进长方形的薄皮棺材，埋在山上。乔培恒小时候到大官山上放牛时，还看到过这些棺材。山上一排排整齐排列的烈士坟墓与当地的圆形坟墓略有不同，是长

当年的女医生和护士居住的二层小木楼

方形的。每座坟前有一块木牌，上面书有牺牲者姓名、性别、籍贯、出生年月及何时牺牲于何战场等内容。

乔国和还听父亲说过，镇江沦陷后，日本人得知这里埋的是八一三淞沪会战的烈士后，报复性地开了一辆坦克在大官山上碾压。

因为各种原因大官山、小官山已经成了村民口中的地名。大致位置在乔家门路乔家门派出所附近。小官山位于乔家门路的南侧，大约在供销社南面的一片地方。大官山位于马路的北侧，在小官山的东北方向，现在还能看到一个小坡子，但是上面已经全部是商铺和房子了。

葬在这里的抗日烈士，据当时的村民回忆很多都是有文化的年轻人，他们的父母甚至不知道自己的孩子埋葬在这里，也从来没有人来祭扫。虽然坟茔没有了，但是我们应该记住他们，他们都是抗战中的无名英雄。

“医政”椅子和院名

时隔七十八年，这段历史在镇江已鲜为人知，不仅乔家祠堂踪迹全无，大官山、小官山上埋葬的抗日战士坟茔也荡然无存。目前在乔家门找到的物品，能够与战后医院有最后一丝联系的，就是一张当时医生办公用的椅子，椅子背上刻有篆体的“医政”二字。这张椅子现在在村民乔培恒的家中。“原本村子里面很多人家都有这样的椅子，现在大家都不用这样的椅子了，估计就处理了。剩下的两张在前几年也被南京医院收走了，现在村里估计只剩下这张。”乔国和介绍道。椅子被放置在杂物间里。笔者看到，这是一张很普通的靠背椅子，因为时间久远，已经不复原来的锈红色，靠背上雕刻着的“医政”两个篆体字依然清晰可见。

乔培恒说这张椅子是他哥哥在医院撤退后扛回来的。他哥哥原本在上海打工，上海打仗后回到镇江，正好医院成立，他就和另外一个村民一起在医院里打杂工。医院撤走的时候，一切都乱糟糟的，很多留下的东西都被村民拿了回去。这张椅子就是那个时候他哥哥拿回来的，一起的还有一张桌子。那张长条桌有点像课桌，靠墙摆放在堂屋，用来摆放杂物。

蒋家门的村民、七十五岁的蒋仁鹏说他上学的时候也见过这样的椅子，他们的老师用的就是，椅子背后也有“医政”二字。因为是两个不认识的篆体字，老师还特意给他们讲过有关这所医院的故事。

椅背上的“医政”二字代表的应该就是当时在镇江成立的江苏省立医政学院。笔者翻阅了《镇江市志》《镇江卫生志》，其中都提到了重伤医院，但是并没有确切地提到这所医院的名字，村民口中讲的是“江苏省重伤后方医院”，院长名叫胡定安。

笔者在网上发现了一张江苏省立医政学院临时后方重伤医院委任状。这份委任状签发时间为民国二十六年（1937年）十月八日。这个时间正是淞沪会战激战时期，这份委任状的内容为委任“学生朱鼐为本院战时服务员”，落款为“江苏省立医政学院临时后方重伤医院兼院长胡定安”。

从这份委任状的落款和椅背上刻着“医政”二字，我们基本上可以断定，位于乔家门的重伤医院应该就是江苏省立医政学院设立的临时后方重伤医院。

（本文发表于2015年6月20日，选自《镇江日报》）

探寻石家庄历史上的红色医疗

——中华人民共和国的卫生事业从这里走来

文／宗苗森

七七事变是日本帝国主义全面侵华战争的开始，也是中华民族进行全面抗战的起点。此后，中国共产党领导下的红色革命医疗事业便在抗战时期、中华人民共和国的成长时期发挥了重要作用。

日前，《省会红色医疗寻根之旅》图片展在石家庄河北中医学院展出。河北省红色历史学家王律称，中华人民共和国的卫生事业可以说也是从这里走来的。

石家庄的历史，远比想象得更深厚。让我们从王律珍藏整理的珍贵史料中，找寻当年在石家庄留下的那些红色医疗痕迹吧！

烈士陵园柯棣华墓

花木村的晋察冀边区后方医院

1938年，由于日军“扫荡”，八路军晋察冀军区医院从山西省五台县松岩口迁到了地势隐蔽、民风淳朴的平山县观音堂乡花木村，时任晋察冀军区司令的聂荣臻曾多次到该院看望伤病员。

据了解，从1938年至1942年，花木村后方医院共收治了平山、灵寿等抗日战场转移下来的近五千名伤病员。

“朱琏诊所”为革命培育英才

朱琏是石家庄第一位女共产党员。1936年1月，中共石家庄市工委成立。受党

朱琏

组织指示，“朱琏诊所”在西横街爱华里1号挂牌，成为石家庄党组织的秘密机关。朱琏经常身背药箱到工人宿舍中巡诊，不管刮风下雨。在“朱琏诊所”的感召下，大批进步青年投身革命。

朱琏还致力于针灸学的研究，以现代科学方法研究古代针灸，并大量培训针灸学的学员。1948年，她在平山开办针灸班，普及针灸知识。其所著《新针灸学》一书，系1949年以来影响较大的学术著作，曾译成俄文出版，在国内外均有较大影响。

中央医院在平山朱豪村组建

1948年初春，中央军委卫生部和中央直属卫生处的医务人员到达朱豪村，当时军委卫生部副部长傅连暲从石家庄华北军医大抽调四十名学生，参与组建中央医院，院长为黄树则，副院长为谢华。医院分两部分：一部分医疗，另一部分防疫。中央医院工作人员跟平山老乡们相处融洽，为群众免费看病，并下乡出诊。

1948年4月，中央军委总卫生部随中央机关进驻西柏坡村附近的朱豪村，成为中华人民共和国医疗卫生事业起航的见证。在这里，中央军委总卫生部成功组织三大战役卫勤保障和中央领导人保健、直属机关卫生工作，并顺利召开第一届药工会议，开启了解放军卫勤正规化建设的新篇章。

（本文发表于2016年7月11日，选自《燕赵都市报》，有删节）

丁沟野田村的古关帝庙不简单 曾是新四军医院　收治过百名战士

文／刘奇斌　陶　敏

扬州市江都区吴桥镇有着“抗日桥头堡，苏中小延安”之称，是新四军从江南北上抗日的桥头堡，也是陈毅元帅及新四军在苏中、苏北开辟的第一个指挥中心、第一块抗日根据地。在抗日战争时期，吴桥是敌我争夺最激烈的地区之一。近日，江都区文物部门又有新发现——江都区丁沟镇野田村村东一处古关帝庙是当时新四军挺进纵队后方医院的旧址。

古关帝庙

揭秘　古关帝庙是抗日后方医院

江都区丁沟镇野田村是原中国美院院长肖峰的故乡，村里有一条野田河，明末清初著名学者费密的故居就紧靠野田河畔。去年，江都区文物部门工作人员走访时，发现距村东三百米左右，有一处黑瓦黄墙的小庙，非常引人注目。该庙建于清代，庙门匾上刻有“古关帝庙”四个大字，庙院内有一棵枝繁叶茂的银杏树，树龄估计已超百年。

通过近一年的走访、调查，根据当地老人回忆，并结合史料记载，文物工作者揭开了该庙的历史——原来，该庙带有红色印记，是新四军挺进纵队后方医院旧址。

江都区文物部门负责人介绍，那是发生在1940年5月的事情。当时，新四军挺进纵队增援半塔集取得胜利，叶飞率部回到驻地吴桥不久，遭到日伪军一千多人

“围剿”，发生了激烈的战斗。后来，部队辗转移师到郭村休整，在距郭村西侧不远的野田村关帝庙，成立新四军挺进纵队后方医院，收治两次战斗中受伤的伤员一百多人。医院配备的一个警卫班是唯一的战斗力。参谋长张藩的夫人彭克在医院担任材料员。

郭村战斗打响时，驻宜陵的国民党顽固派闻讯派了一个连的兵力前来进攻。面对比自己多十倍的敌人，医院领导彭光巧布疑兵阵，把来袭之敌吓阻在野田河西岸，使敌人未敢迈过桥头一步。彭光让轻伤员守住庙门，临时指挥所设在庙东河沟内，警卫战士分散在河坎、坟堆之中。战斗人员在庙外零星射击，伤员在庙里高声呐喊，或投掷手榴弹，给敌人造成了我军兵力很强的错觉。与敌军僵持大半天后，郭村指挥部接到群众报信，派人乘夜接回了医院人员。战斗中，我方没有一人受伤或牺牲。郭村战斗胜利以后，挺纵后方医院随大部队东进，后来改为新四军挺进纵队后方疗养所。野田村关帝庙从此埋没乡间七十多年。

保护　文物部门欲将其申报为文保单位

“如今，野田村古关帝庙依然保持着昔日的风貌，孤零零地坐落在村东头。曾经发生过战斗的那道河坎，虽然已经抬高很多，但走向非常清晰。”江都区文物部门负责人称，庙宇内可以见到过去修缮的痕迹，但是，建筑结构和布局与野田村第一任党支部书记张铎等人回忆录中描述的几乎一模一样，甚至，紧挨着的小学校还保存至今。

江都区文物部门负责人查阅了大量相关史料，称关于进攻挺纵后方医院的国民党顽固派的结局，根据目前掌握到的信息，有两种说法。其一，据野田村第一任党支部书记张铎回忆，这股敌人害怕被围歼，当夜撤回了宜陵。其二，据从泰州城逃出给新四军递送情报的地下党郑少仪回忆，这股敌兵全部被我军包围俘虏。这个连的汪姓连长是郑少仪的策反对象，郑少仪在郭村指挥部见到了被俘的他。由于张铎是地方干部，可能对战斗情况了解得不太全面。而郑少仪是少有的目击证人。因此，江都区文物部门负责人推测，进攻新四军挺进纵队后方医院的国民党军被俘的可能性极大。

因为古关帝庙是新四军挺进纵队后方医院旧址，见证了一段新四军抗战历史。为此，江都区文物部门负责人表示，他们正准备将其申报为文保单位，使这一处历史遗存得到妥善保护。

（本文发表于2016年6月7日，选自《扬州晚报》）

株洲县南阳桥乡南岸村抗战时期曾有个临时伤兵医院

文／王　娜

前几天，六十五岁的陈海河告诉笔者，在1941年至1944年间，他的老家株洲县南阳桥乡曾有一个临时伤兵医院，当时有很多抗战将士在里面接受治疗。另外，还有两处墓地埋葬了临时伤兵医院中因伤重而牺牲的将士。抗战胜利后，还为他们立了一个纪念碑。“我想把这些告诉大家，还原英雄们的故事。”陈海河说。

临时伤兵医院占地约两千平方米　由村上的许家祠堂改建而成

株洲县南阳桥乡，与渌口隔一条渌江。也正是因为如此，南阳桥乡当年很少受日军的侵袭，当时许多渌口的居民，也在此避难。

陈海河所说的许家祠堂位于南阳桥乡南岸村。陈海河告诉笔者，许家祠堂建于清朝晚期，是村里许姓人家供奉祖先的地方，占地约两千平方米，有两层楼高。1941年，参与第二次长沙会战的国民革命军，在许家祠堂建起了临时的伤兵医院。

今年八十二岁的陈军友，小时候就住在离许家祠堂不远处，也是南岸村唯一亲眼见过临时伤兵医院且在世的老人。陈军友记得，国民革命军伤兵进入南岸村是在1941年秋，当时他才八岁。“当时大概有一百多人，他们穿着蓝色的衣服。”陈军友说。

陈军友

笔者随后查阅《株洲文史资料》，其中提到，1941年秋，第二次长沙会战，日军首次进犯株洲。9月初，日军从湘东由北向南进犯，一路进攻长沙，另一路直袭株洲，烧杀抢掠。这一点，与陈军友所说的年份相吻合。

前后来了大约六百名伤兵　其中很多人因伤重而牺牲

陈军友告诉笔者，这些伤兵进驻许家祠堂后，便对外实行戒严。伤兵们被要求在一定范围内活动，并且不准打扰村民们的生活，同时不得向村民透露部队的番号。

“每天都有人把守，禁止外人进入。”陈军友说，当年，他和小伙伴曾在祠堂后门，窥探过里面的场景：伤兵们都躺在祠堂的大厅里，七八位医疗人员在给伤兵治疗且个个神情严肃。“我曾见过一个大腿中枪的士兵，在医生给他取子弹时，他就咬着一块布，脸上全是汗，表情很痛苦。”

“后来，我娘就不让我去看了。”不过，陈军友此后还是会去这个伤兵医院附近瞅瞅。他记得，从 1941 年秋至 1944 年，其间陆续有伤兵来到这个临时伤兵医院疗伤，“前后来了大约六百人”。

在陈军友的记忆里，在这家临时伤兵医院里，尽管医生奋力抢救，但还是有很多伤兵因伤势过重而牺牲。牺牲的伤兵“就埋在了猪婆山上，用两个大坑专门埋他们”。陈军友所说的猪婆山，位于南岸村入口两百米处。

1944 年，临时伤兵医院撤离南岸村，许家祠堂也归还给了许姓族长。

1946年竖立纪念碑　纪念这些牺牲的抗战将士

1946 年，为纪念牺牲的这些抗战将士，当时的政府在猪婆山竖立了一个纪念碑，碑上刻着死者的名字，碑底端刻着其部队的番号。“不过那时候我们不识字，看不懂。”陈军友说。

1994 年，因为修防洪堤坝，猪婆山被移平。不过，此处有两个大土坑，陈海河告诉笔者，这就是伤兵的埋葬之地。“我们就是在那个时候发现了一大片骸骨。”陈海河记得，当时这些骸骨被处理后，这两个大土坑被另作他用，如今荒草丛生。

在这两个大土坑对面，笔者看到了陈军友所说的纪念碑。这座碑大约两米高，呈塔状，在顶端处刻着一个五角星，碑上写着“革命烈士永垂不朽”。不过，笔者没有在碑上找到陈军友所说部队番号。

位于南阳桥乡的英雄纪念碑

“在‘文革’时期被涂抹了。”南岸村原村支书，今年七十三岁的刘永斌说，他曾在 1966 年参与过这座纪念碑的“改造”。他记得，当时的碑不是如今的这个模样，碑的主体上刻着的都是牺牲将士的名字。“字小且密密麻麻，而碑底端写着什么，如

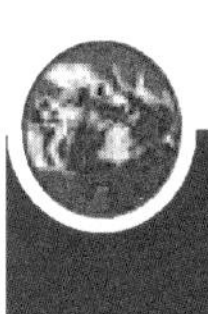

今我也不记得了。”

“虽然这些不知名的英雄没有记入史册，我们也不记得他们的名字，但他们永远值得我们敬仰。”陈海河说，在他儿时，村子里就流传着这个临时伤兵医院的故事，但如今知者寥寥。他所想的，就是把这个隐没的历史，告诉更多的人。

（本文发表于 2015 年 8 月 25 日，选自《株洲晚报》，有删节）

寻常乡宅有来历　原是抗战时战地医院

文/叶卡斯　陈穗华　陈国林

一个藏在僻壤田间的貌不惊人的旧宅院，竟然是抗日战争期间救死扶伤的战地医院！虽然其中还清晰地留有当时战士们描绘的战争图画和标语，但数十年来却不为人知。笔者获悉，这座名为“德庆第”的宅院是到目前为止从化发现的唯一一座抗战时期的战地医院，从化有关部门已向广州市相关部门提出建议，将其列为广州文物保护单位，并在其旧址上建立抗日战争粤北战争纪念馆。

战地医院“德庆第”外观倒很普通

从化市文化局有关专家告诉笔者，“德庆第”是在广州市第四次文物普查中发现的。该建筑位于从化吕田镇的一条村中，原为当地罗姓村民于民国初年建的大宅院。据曾经历过抗日战争的八十六岁老人罗水养介绍，“德庆第”是抗日战争期间第一、第二次粤北会战时，第四战区第十二集团军，六十三军第一五一师、第一五三师和第一五四师的战地医院。

机关重重　有暗锁也有枪眼

不说不知道，作为战地医院，“德庆第”可谓机关重重。笔者看到，“德庆第”的大门采取的是常见的木趟栊设计，虽然宅院内多处地方已经年久失修，但这个木趟栊开关仍灵活如初。其后设有两个锁，通过本趟栊横柱上的凹槽，可以分别把一根和整排趟栊锁牢，就好像现在常用锁头的暗扣一样，非常保险。

在趟栊外的两侧墙上，分别开有两个外小内大的枪眼。平时以纸团塞住，敌人

“德庆第”建筑为砖木石结构

来攻时可轻易架枪射击。而在后面的永安楼更是大有来头，外墙上也开有大大小小八个枪眼，大门上方更设有数个拳头大小的小孔，一旦遇到火攻，可以从上倒水将火浇灭。从化博物馆副馆长李剑波告诉笔者，这是当地居民在遇到外敌时的最后一道防线，里面还可以储藏足够吃一个月的粮食。

墙上绘有日军轰炸海珠大桥的图画

“德庆第”的正门上方、墙壁、阁楼等多处都留有抗战时期军队书写的标语和战士绘画的纪实铅笔画。笔者看到一幅战士用铅笔绘制的日军战机轰炸海珠大桥图。而在宅院的左路外墙上，还从右到左书有“大家一条心杀退敌人”的标语。

李剑波表示，“德庆第”是目前从化发现的唯一一座抗战时期的战地医院，在其他地方可能也存在着类似的医院。

粤北会战

1938 年 10 月，广州沦陷。1939 年 12 月，日军企图扩大外围并打通粤汉铁路，于是向粤北发动了大规模的进攻，爆发了第一次粤北会战。这次战役是广东战区规模最大、时间最长、战斗最激烈的战役，打了一个多月，日军败退。1940 年 5 月，日军再次发动第二次粤北会战，持续了二十多天，也以日军败退告终。

（本文发表于 2004 年 7 月 7 日，选自《广州日报》）

徐氏老宅忆当年
追记新四军苏浙军区战地医院旧址往事

文／康凤英

梅雨时节，追寻着当年新四军苏浙军区三次反顽的戎马足迹，笔者走进了良朋镇迁迢村的徐氏老宅。这座清末民初时期留下的建筑，至今仍保存完好，已被确定为县级古建筑保护单位。

老宅的空间很大，有前后两厅。前厅有两个很大的天井，现在都摆着各种花草，门亭上、木柱上、窗户上仍留有醒目的雕花。这座老宅是当年当地权势人物徐世春——人称“徐五老爷”营造的私宅。时至今天，徐五老爷的后人仍然居住在这里，老宅里经常传出一家人其乐融融的谈笑声。

1945 年三次反顽战役时，徐氏老宅曾被作为新四军苏浙军区战地医院，当时军区的医护人员就驻守在这里。采访时，笔者碰到了老宅现在的主人、九十二岁高龄的游锡佳老人。虽然老人行走有些不便，眼睛和耳朵都不太灵光，但她是老宅里唯一能记起当年那段往事的人。

当年游锡佳只有二十几岁，还是刚嫁到徐家不久的新媳妇。提起老宅曾被新四军苏浙军区作为战地医院那段往事，老人的话一下子多了起来。“当年所有的医生、护士还有军官太太们就住在我们家的木楼上，这家里每天都抬进很多伤员。有的新兵只有十六七岁左右，伤口血淋淋的。那时候我们不敢打扰军区的医生看病，进进出出都非常小心。不仅是担心打扰医生看病，也害怕守在门口的战士，他们手上都拿着枪的。”老人乐呵呵地回忆道。

在那战火纷飞的年代，许多受伤的战士虽然被抬进这座“医院”，取出了打在身上的弹片，但不少战士还是牺牲了。老人回忆说，她的丈夫还有村上其他两个人，每天都去帮忙抬一些牺牲了的战士去埋葬。现在丈夫去世了，以前他也常常提

起这段往事。他说这些牺牲的战士就埋在村口水库边，那边都是大大小小的坟包。那些小战士着实让人可怜。后来，每年清明节，游锡佳的丈夫还去那边给牺牲的战士们上个坟。他还知道哪个坟里面埋了几个战士，就在这个坟上插几支纸白花。这个祭奠活动一直延续到游锡佳的丈夫去世。

其实，在那个时候，迁迢人和其他许多地方的老百姓一样，非常贫穷，但老百姓非常敬重这些当兵的人，明白他们是为了保护国家、保护老百姓而投身到与日军、顽军、伪军的战斗中。平时，老百姓总是将自家种的蔬菜、玉米什么的，送到徐氏老宅里给战士和医护人员吃。

游锡佳老人回忆说，当年有个叫柳浪的女医生，只有二十几岁。她的老家在上海，家中五代人都是开药店的，非常懂中医。“我记得新四军刚来不久，我正好因为经血不通卧床不起，命都快保不住了，是柳浪给我开了中药，并告诉我，早晨卯时（旧时计时法，主要指上午 5 点到 7 点这一时间段）起床运动，吹卯时的风，喝卯时的雨露。我按照柳浪的叮嘱坚持早起运动，并按时吃药，半个月后，我的身体渐渐好转，直到完全治愈。”说到这里时，老人流泪了。她说，那个年代生活苦，没有经济条件到大城市去看病，更没人想到看个病还要跑到上海、北京去。那时请当地的医生看过，但是一直不得好转，周围的人都说这是看不好的病，就准备在家等死了。“多亏遇上了柳浪这个好医生，她年轻、善良，又有一手好医术，帮我治病，我才活到了今天，享受到现在的好生活。”

新四军医院驻扎在徐氏老宅时，还发生过一段美丽的爱情故事。当时有一位军官，高大英俊，与当地的一位姑娘相爱了。两个人经常一起去骑马、吹笛，感情非常好。那位姑娘原本认为自己这一生都会跟随这位军官的。可是后来世事有变，一年后，新四军医院撤离迁迢村徐氏老宅，这位军官服从军命不得不离开了这里，那位姑娘因为一些原因没有跟随而去，他们的爱情也就这样结束了。

新四军医院撤走后，迁迢人都非常不舍，因为当时村民中有谁生个病部队的医生也会帮助医治。特别是柳浪医生，徐氏老宅里的游锡佳老人几十年来经常会想起这个可爱的姑娘和恩人。老人说：“如果柳浪还活在这个世上，可能跟自己的岁数差不多，她一定也还记得我们这座徐氏老宅，记得当年的青葱岁月。”

（本文发表于 2011 年 6 月 12 日，选自安吉新闻网，原标题为“徐氏老宅忆当年 追记新四军苏浙军区战地医院旧址轶”）